倪梁康　注譯

新譯八識規矩頌

三民書局

國家圖書館出版品預行編目資料

新譯八識規矩頌／倪梁康注譯.——二版四刷.——臺北市：三民，2023
面；　公分.——(古籍今注新譯叢書)

ISBN 978-957-14-4254-9（平裝）
1. 法相宗－宗典及其釋

226.22

古籍今注新譯叢書

新譯八識規矩頌

注譯者　倪梁康
發行人　劉振強
出版者　三民書局股份有限公司
地址　臺北市復興北路 386 號 (復北門市)
　　　臺北市重慶南路一段 61 號 (重南門市)
電話　(02)25006600
網址　三民網路書店 https://www.sanmin.com.tw

出版日期　初版一刷 2005 年 4 月
　　　　　二版一刷 2013 年 1 月
　　　　　二版四刷 2023 年 1 月
書籍編號　S032790
ISBN　978-957-14-4254-9

刊印古籍今注新譯叢書緣起

劉振強

人類歷史發展，每至偏執一端，往而不返的關頭，總有一股新興的反本運動繼起，要求回顧過往的源頭，從中汲取新生的創造力量。孔子所謂的述而不作，溫故知新，以及西方文藝復興所強調的再生精神，都體現了創造源頭這股日新不竭的力量。古典之所以重要，古籍之所以不可不讀，正在這層尋本與啟示的意義上。處於現代世界而倡言讀古書，並不是迷信傳統，更不是故步自封；而是當我們愈懂得聆聽來自根源的聲音，我們就愈懂得如何向歷史追問，也就愈能夠清醒正對當世的苦厄。要擴大心量，冥契古今心靈，會通宇宙精神，不能不由學會讀古書這一層根本的工夫做起。

基於這樣的想法，本局自草創以來，即懷著注譯傳統重要典籍的理想，由第一部的四書做起，希望藉由文字障礙的掃除，幫助有心的讀者，打開禁錮於古老話語中的豐沛寶藏。我們工作的原則是「兼取諸家，直注明解」。一方面熔鑄眾說，擇善而從；一方面也力求明白可喻，達到學術普及化的要求。叢書自陸續出刊以來，頗受各界的喜愛，使我們得到很大的鼓勵，也有信心繼續推廣這項工作。隨著海峽兩岸的交流，我們注譯的成員，也由臺灣各大學的教授，擴及大陸各有專長的學者。陣容的充實，使我們有更多的資源，整理更多樣化的古籍。兼採經、史、子、集四部的要典，重拾對通才器識的重視，將是我們進一步工作的目標。

古籍的注譯，固然是一件繁難的工作，但其實也只是整個工作的開端而已，最後的完成與意義的賦予，全賴讀者的閱讀與自得自證。我們期望這項工作能有助於為世界文化的未來匯流，注入一股源頭活水；也希望各界博雅君子不吝指正，讓我們的步伐能夠更堅穩地走下去。

新譯八識規矩頌　目次

導讀

《八識規矩頌》是佛教唯識學的一份極其重要的漢語文獻。相傳為唐代的三藏大師玄奘所作。雖然對此目前教界和學界尚存爭議，但它在佛教學理方面所具有的重要地位，以及在唯識學歷史上所引發的重大效果是毋庸置疑的。從內容來看，它言簡意賅，在四十八句中幾乎包容了唯識學的所有基本名相和要義，為初學者提供了瞭解唯識學的方便法門。從歷史來看，明末的唯識學復興，便肇始於對它的注解和詮釋。即使今天，在清末楊仁山自日本引回諸多散佚的唯識論疏經典之後，它仍然是一份很有影響力的唯識學經典文獻，仍然是最重要的佛教唯識學的入門教材之一。在《大正藏》和《四庫全書》中，《八識規矩頌》都有收錄。各地的佛學院，也大都設有《八識規矩頌》講記的課程。

在具體解釋《八識規矩頌》的基本內容之前，我們首先要說明佛教中的唯識學是什麼，它如何產生？「識」在這裡意味著什麼，「唯」應當如何來理解，以及與此相關的問題。

一、什麼叫「唯識學」？

無論是在泛泛的日常會話中，還是在深奧的學術論述中，我們今天都不時地會用到「意識」這個詞。它可以算是司空見慣的一個用語了。然而「意識」並不是中國文化原先就含有的概念，而是從印度佛教典籍翻譯而來的。雖然在漢語中早有「意」字也有「識」字：「意」是指「思量」，「識」是指「了別」。但是，將它們組成一個語詞來專門標識某個對象或狀態，這是在翻譯佛典後才開始有的事情。中國古代的佛典翻譯者們專門用「意識」這個詞來翻譯梵文原文中的“mano-vijnana”。——這裡所說的「意識」一詞只是無數例子中的一個，它可以初步和大致地表明：我們今天的各種用語實際上已經滲透了佛教的術語，諸如「世界」、「人間」、「思想」以及其他等等。

誠然，這些外來的概念在長期的使用中也會隨著時代的變化和時代精神的變化而改變自己原有的涵義。「意識」概念也是如此。它今天所具有的詞義與它原先作為“mano-vijnana”的對應詞時所具有的詞義並不完全一致，因為我們如今日常使用的「意識」一詞，已經更多地帶有了西方哲學賦予它的涵義，它相當於西方哲學中常常被使用的英文的“consciousness”概念，或德文的“Bewußtsein”，或法文的“conscience”等等。這個意義上的「意識」概念，通常被用來標識人所具有的心理體驗的總和。當然也有人定義說：意識就是人的精神活動的主體；還有人定義說：意識是一個主體所具有的心理機能，如此等等。但無論如何，這些定義至少都表明，我們今天所使用的「意識」一詞，是一個包容很廣的概念。我們大致可以說，人在清醒狀態下進行的所有心理活動都與「意識」有關。而且即便是在不清醒狀態下進行的心理活動，也往往被看作是「意識」的一種，即「下意識」、「潛意識」、「無意識」，或「超意識」。

這個包容量很大的現代「意識」概念，與佛教中的「意—識」概念顯然是有區別的。後面我們很快便可以看到，這個現代的「意識」概念更多符合佛教中的「心識」概念。

原初的「意識」概念，在佛教中是指一個特定種類的「識」。佛教唯識學家認為，「識」共有八種，而「意—識」只是其中的一種。因此，就這個原有的意義而論，從佛教的「意—識」一詞的意思來看，「識」是一個比「意」更寬泛的概念。除了「意識」之外，我們還有「眼識」、「耳識」、「鼻識」、「舌識」、「身識」。它們用現在較為通行的語言來說就是「視覺」、「聽覺」、「嗅覺」、「味覺」和「觸覺」。它們與「意識」一起，構成佛教唯識學所劃分的八識中的前六識。除此之外還有另外兩識：第七識為「意」或曰「末那識」，第八識為「心」或曰「阿賴耶識」。

作為第六識的「意識」，在佛教中有專門的涵義。它主要是指知覺(perception)、體現(presentation)的認識作用。我們在後面對《八識規矩頌》的釋義中將會詳細說明，這個「意—識」概念，也就相當於我們在現代西方哲學中——例如在由德國哲學家康德(I. Kant)和胡塞爾(E.

Husserl)哲學中——可以讀到的「統覺」(Apperzeption)概念。但第六識的概念還要更大一些，它還包含例如想像(imagination)的認識作用，包括所有再造(reproduction)、再現(representation)等等，甚至包括本質直觀、哲學沉思、夢中意識等等。

至此我們可以總結一下：佛教中的「意識」與我們日常所說的「意識」是不同的。如今我們通常所說的「意識」，倒是與佛教唯識學中的「識」相接近❶，因此，如果我們把「唯識學」翻譯成現今的日常文字，那麼可以說，它就意味著「唯意識學」❷。這個學說與胡塞爾在上世紀初所創立的意識現象學非常相似，儘管在它們之間沒有直接的淵源關係和借鑒關係。在一定的意義上可以說，現象學是一門現代版的唯識學。因此，後面所做的釋義，在許多方面也借助了現象學的術語和現象學的分析方式。

現象學認為，我們無法回答意識如何超出自己之外去切中和把握外部事物的問題，也就是無法回答托馬斯·阿奎納(Thomas Aquinas)所說的智性與實在如何相應的問題。但我們可以將這個形而上學的問題擱置起來，放棄超越的設定，僅僅面對我們的意識本身，停留在意識的內在之中。這樣，我們便可以從一個全新的角度來考察所有的問題，例如我們可以考察，意識如何構造起外部的實在，然後又把外部的實在看作是超越意識自在存在的；也就是說，

❶ 唯識學家也常用「心識」來總稱「八識」。因此，為了區別起見，我們在後面將用「心識」一詞來取代唯識學中別有用意的「意識」。

❷ 用佛教的術語來說則更應是「唯心識學」。

我們如何把本來是我們的東西、內部的東西看作異己的、外在的。

從這個思路展開去，我們就可以說：無論是一個對象、還是一個本質，或是一個價值，都必須是可以在一個意識中顯現出來的東西，否則無法去知道它和談論它。就此而論，哲學中的現象學研究方向與形而上學研究方向是完全對立的。這也構成唯識學的基本原則。唯識學的「萬法唯識」之主張，同時也就意味著「現象學的最高原理」：它在胡塞爾那裡是指：「始終進行純粹直觀的把握，永不進行源自概念的構造」❸。現象學排除任何超越於意識的預設，懸擱任何無法在意識中被給予的構想。而在另一位現象學的代表人物舍勒(M. Scheler)那裡，現象學的原理同樣是指：「在對象的本質和意向體驗的本質之間存在著一個聯繫。而且是一個我們在這樣的體驗的每個隨意事例上都可以把握到的聯繫。」因此，他認為，「我們同樣也排斥絕對的本體主義，即那種認為有可能存在按其本質不可被任何意識把握的對象的學說。任何一個對某個對象種類之實存的主張都根據這個本質聯繫也都要求給出一個這個對象種類在其中被給予的經驗種類。」❹

這個思考的方向實際上也就是唯識學的思考方向。唯識學的根本主張也可以歸結為「唯

❸ 胡塞爾，《文章與報告》，《胡塞爾全集》XXVII，The Hague, Netherlands: Kluwer Academic Publishers，一九八八，頁一二八。

❹ 舍勒，《倫理學中的形式主義與質料的價值倫理學》，Bern und Müünchen: Frank Verlag，第六版，一九八〇，頁二七〇。

識無境」。它意味著，除了心識的變化顯現之外，沒有任何超越意識的實在，沒有任何外在於意識的對象。而且還可以更進一步，除了心識活動的規律以外，不存在任何其他的義理。這也就是永明延壽大師在《宗鏡錄》中所說的「千經萬論，悉唯心說」。因此，「唯識」(vijnapti-matrata)一詞，就是「唯有識」、「不離識」的意思。「唯」(matra)在這裡是指：「唯獨」、「僅有」、「不離」、「無非」等等。而唯有什麼識，對此問題有幾種解釋。例如一種解釋是唯有心識，即唯有八種心識；另一種解釋是唯有阿賴耶識，即唯有第八識。這些解釋並不具有本質上的差異。

就此而論，唯識學既是認識論的學說（關於認識活動的學說），也是本體論的學說（關於存有的學說）。我們不妨將它看作是一種作為本體論的認識論❺。

當然，細究下去，「唯識」之「識」(vijnapti)與「心識」或「八識」之「識」(vijnana)並不完全相同：後一個「識」是一個動詞，它由兩個詞合成：vi（分析、分割）與jnana（知），意思是通過分析、分類對象而進行的認知作用。而前一個「識」在梵文中是一個過去分詞，是由後一個「識」變化而來。它不只具有「識」或「了別」的意思，而且還帶有「識（或『了

❺ 固然，與佛教的其他學說相比，如演培法師所說，「法相唯識學，雖不是沒有論及到心識本體，但為其說特別放一次異彩的，不在心的本體論方面，而在心的現象論方面。」（演培，《唯識二十頌講記・八識規矩頌講記》，臺北：天華出版公司，一九八六年，頁一〇六）

別』）所表現出來的」意思❻。從這個意義上說，唯識學不僅討論心識的活動本身，也討論心識活動的相關項，即討論那些由心識所構造出來、而後又被當作「外部對象」的東西。

在此意義上，唯識學強調「萬法唯識」。具體地說，佛教唯識學將一切事物的本性和一切對它們的認識規律歸結為五位百法：㈠心王法，共計八種、㈡心所有法，共計五十一種、㈢色法，共計十一種、㈣心不相應法，共計二十四種、㈤無為法，共計六種。這五類法則合計共一百種。唯識學的基本主張就在於：宇宙萬有的現象及其認識法則最終都可以歸結為「識」(vijnapti)，即心識活動和它的相關項。

以上主要是從「唯識學」的字面意思來講。接下來我們要從歷史背景出發來解釋唯識學的由來和所以。

二、「唯識學」的緣起與歷史

唯識學最初產生於印度。它的基本原理一直可以溯回到佛祖釋迦牟尼的言傳身教上。因此，在最初的為大小乘都公認的《阿含經》中，也就是在佛滅後由佛祖弟子及信者根據記憶所寫的佛祖所授教法之記錄中，就可以找到唯識學的先驅思想和基本觀念，它們與「緣起」

❻ 參見呂澂，《呂澂佛學論著選集》五卷本，濟南：齊魯書社，一九九一年，卷四，頁二〇八〇。

的思想密切相關❼。關於唯識思想的更為具體的表露，則可以在以後的《解深密經》等大乘唯識系經典中讀到。例如在《解深密經》中記錄有這樣一段問答：「世尊，若彼所行影像即與此心無有異者，云何此心還見此心？善男子，此中無有少法能見少法，然即此心如是生時，即有如是影像顯現。」此後，世尊還更清楚地說，「善男子，我說識所緣，唯識所現故。」❽又如，在《華嚴經》中也可以讀到下列世尊言錄：「三界所有，唯是一心。如來於此，分別演說十二有支，皆依一心。」❾再如，在《楞嚴經》中世尊還說：「諸法所生，唯心所現。一切因果世界微塵，因心成體。」❿因而唯識學的基本思想，可以在佛祖的言說中找到最終的依據。正因為此，在唯識理論的奠基之作、世親的《唯識二十論頌》中開首第一句便強調，唯識學是從教典中發展而來：「安立大乘三界唯識，以契經說三界唯心。」

此後，在佛滅一百年後分化出來的部派佛教（後來被稱為「小乘」佛教）中，唯識的思

❼ 印順法師對此有深入淺出的論證。他的結論是：「『由心所造』、『隨心所變』的唯識思想，是啟發於原始佛教的緣起論，極為明白。」他甚至認為，唯識思想就是「緣起論的一種說明」（參見印順，《唯識學探源》，臺北：正聞出版社，一九九二年，頁三十六、三十八）。

❽ 卷三・〈分別瑜伽品第六〉。也譯作「諸識所緣，唯識所變」。

❾ 卷三十七・〈十地品第二十六之四〉。第一句也譯作「三界虛妄，但是一心作」。此外，經中所說的「十二支」，與前面所說佛教核心思想「緣起」有關，是指「十二種緣起」，即「十二因緣」。它們分別為：無明、行、識、名色、六處、觸、受、愛、取、有、生、老死。

❿ 卷一。

想也受到關注和討論，並對後來的唯識學發展起著一定的影響[11]。但是，唯識學真正成為一門學說，還是從印度的大乘佛教開始。這裡的「大乘」(maha-yana)，是相對於「小乘」而言。「乘」者，「運載」之義；意思是指佛教是一種能夠將人運載到覺悟之彼岸的教說。「小乘」(hina-yana)，也被稱作「二乘」，即「聲聞乘」和「緣覺乘」。「大乘」則被稱作「菩薩乘」。「小乘」的名號，原來是大乘佛教對原始佛教和部派佛教的貶稱，指小乘是狹小的運載工具。但現在教界和學界使用這個名稱並不帶有褒貶的涵義。

大乘佛教在初始時之所以將原始佛教和部派佛教稱作「小乘」，主要是因為小乘佛教的教義基本上以自求解脫為目標，或者通過獨自悟道的修行而達到緣覺（即獨自覺），或者是通過聽聞佛陀的聲教而證悟，達到聲聞覺（即弟子覺）。與此二乘（也叫獨覺乘、聲聞乘）相對，大乘佛教主張菩薩覺，因此也自稱「菩薩乘」。它的教義認為涅槃有積極之意義，不僅是自利（解脫自己），而且還可以利他（解脫他人）。因此，它是兩面兼顧的菩薩道。它主張覺悟者不僅要自覺，而且在自覺後還要以救世利他為宗旨，將眾生從煩惱的此岸載渡至覺悟的彼岸。

[11] 例如呂澂曾指出，小乘佛教的經部學說對大乘學說的兩個主要影響之一就是經部關於「心的自證」的理論。後來陳那將這個理論導入瑜伽系統之內，成為大乘唯識學的理論組成部分（參見《呂澂佛學論著選集》卷四，頁二一五一）。再如印順所證《小乘犢子部》關於「有我」的主張對以後大乘唯識學本識思想的影響（參見印順，《唯識學探源》，頁二〇〇）。

除了這個基本的宗旨差異以外，大、小乘佛教的不同還表現為：小乘把釋迦牟尼視為教主，大乘則提倡三世十方有無數佛；小乘只是否定人我的實在性，大乘則進一步否定法我的實在性；如此等等，不一而足。

就唯識學方面的最大差異而論，大乘的唯識學理論，是本體論和認識論意義上的唯識學，而小乘佛教中的唯識學思想，還只是認識論意義上的唯識學⓬。

大乘佛教最初形成於西元二、三世紀間，最主要的創始人是印度的龍樹。他一生著書甚多，有「千部論主」之稱。他的最主要著作是《中論》，大乘佛教的基本思想在其中都得到了一定的論述。以後他的弟子提婆繼續他的思想路線，著有《百論》等著作，宣揚大乘佛教的基本教義。

當然，在大乘佛學本身中後來也產生出不同的觀點和派別。在龍樹之後約二、三百年出生的無著和世親，是大乘佛教史上新的重要代表人物。他們著書立說，自成體系和風格。在他們之後，大乘學說內部發生分裂，形成兩派：中觀派和瑜伽行派。前者也被稱作「空宗」，後者則被稱為「有宗」。瑜伽行派沿無著、世親的思想線索展開。中觀派則主張仍然以龍樹、提婆等前人的學說為典據。

唯識學的完整理論體系，便是沿瑜伽行派的學說而延伸的一個脈絡。它在無著和世親等

⓬ 正如印順所說，「部派佛教裡，沒有本體論上的唯識學，認識上的唯識無境，卻已相當的完成了。」（印順，《唯識學探源》，頁二〇〇）

人那裡獲得了最主要的建構和充實，在理論上尤其以世親的《唯識三十論頌》為基礎。在無著和世親之後，它又得到護法、安慧、難陀、智月等十大論師的補充和發展，以及陳那、戒賢等人的加工與傳播。這門學說謹嚴而縝密、細緻而深邃、博大而周全。後人將它看作是印度大乘佛教高度成熟的標誌。在佛教學說中，唯識論的地位相當於認識論或知識論在西方哲學中的地位，也就是說，它是最具有理論色彩的學說。

此外，由於在唯識學的大量典籍文獻中包含了對大小乘佛教中的絕大部分重要名相概念的說明和論述，因而唯識學也被看作是佛教入門的基礎學。

將唯識學傳到中國的主要是菩提流支、真諦和玄奘。其中尤其是玄奘和他的弟子窺基，不僅在中國將唯識學廣泛傳播和發揚廣大，而且還建立起了中國的唯識宗（也稱慈恩宗）。甚至有人認為，他們在唯識學方面的功績已經超出了他們的印度前賢[13]。

然而唯識學在中國的傳播與接續並不順暢，始終缺乏一個貫通的傳遞。我們甚至很難撰寫一部真正意義上的中國唯識學史，一如我們無法提供一部嚴格意義上的中國認識論史或知識學史一樣。即使有人能夠撰寫出一部中國的「唯識學史」，它也將會是一部由漫長的沉睡和短暫的蘇醒所組成的一門學說的歷史。一般的看法認為，這是由於唯識學的理論和教義「流

[13] 例如參見楊白衣，《唯識要義》，臺北：文津出版社，一九九五年，頁三：「唯識思想在印度，雖以瑜伽宗的名下盛傳，並已初具綱格，但能把它完成為一學派，而堪與其他宗匹敵的功勞者，即為：我國的慈恩大師窺基。」

於瑣細」、唯識宗的修習方式過於漫長、複雜，因此不易於為一般百姓和佛教信徒所理解和掌握。但追究下去，這種情況產生的根源最終還在於中國文化傳統思維方式與以唯識學為代表的思維方式之間的差異和衝突。陳寅恪便認為，玄奘唯識學與中國的思想文化在「性質與環境」方面「互相方圓鑿枘」，因此「終不能復振」⓮。

自唐初玄奘和窺基連同門下弟子以唯識為宗義創建法相（慈恩）一宗，從而使唯識學說在中國成為當時的顯學以來，直至明末的八百多年時間裡，唯識學幾乎被教界和學界完全遺忘。唯識學幾乎可以說到了「三傳而寂」的地步，因為在三傳弟子智周之後，唯識學的傳承便基本上無從考據了⓯。按照聖嚴的說法，唯識學在中國，唐玄宗開元以後，即成絕響。到明末為止約八百年間，除了唐代的《華嚴經疏鈔》及《宗鏡錄》二書以及元代的《唯識開蒙問答》中可見到唯識大意之外，別無著作⓰。雖然呂澂的看法有所不同，他認為唯識學在宋朝並未失傳，「五代和宋代……還不斷地有人講唯識、因明」，但他也同時指出，這些唯識的思想「都不能獨立成家，說法也很零碎」⓱。

直到明末，唯識學才經歷了第一次「復興」。從文獻上看，這次「復興」最早是由魯庵

⓮ 參見陳寅恪，《陳寅恪史學論文選集》，上海：上海古籍出版社，一九九二年，頁五一一。

⓯ 參見呂澂，《呂澂佛學論著選集》，卷五，頁二八五三。

⓰ 參見聖嚴，〈明末的唯識學者及其思想〉，載於：《中華佛學學報》，第一期，一九八七年，頁一、頁四。

⓱ 參見呂澂，《呂澂佛學論著選集》，卷五，頁二七二三。

普泰的《八識規矩補注》開啟的。明末王肯堂在《成唯識論集解》的〈序〉中說，普泰法師於明武宗正德年間（一五〇六—一五二一），從一位無名老翁處，以月餘的時間，盡傳其唯識學之後，便為《八識規矩頌》及《百法明門論》作注。正是這兩部以注為書的文字，啟動了明末諸家研究和宏揚唯識學的熱潮⑱。

根據聖嚴的統計，「明末一百數十年間，竟有十七位有唯識著作的學者，三十五種計一百零七卷的唯識注解。」⑲從研究人員和研究成果的數量上看，明末的唯識思潮研究在規模上已接近於唐代。但值得注意的是，這裡的「復興」一詞，「復」的成分是很少的⑳。一般說來，在中國的各大教派中，唯識宗與禪宗在風格上是相距最遠的兩個派別。而明末的唯識家卻幾乎全都出生於禪宗，或具有禪學的文化背景。例如，明末的著名四大禪學高僧雲棲袾宏（一五三五—一六一五）、紫柏真可（一五四三—一六〇三）、憨山德清（一五四六—一六二三）和藕益智旭（一五九九—一六五五）中，都對唯識學有所研究，而且他們之中至少有三位從事過對《八識規矩頌》的闡釋並有文字傳世。

---

⑱ 參見王肯堂，《成唯識論集解》，載於：《新纂大藏・卍・續藏經》，卷五十，No. 821，頁六五八：「余聞紫柏大師言，相宗絕傳久矣。魯庵普泰法師，行腳避雨，止人家簷下，聞其內說法聲，聽之則相宗也，亟入見，乃一翁為一嫗說。師遂拜請教。因留月餘。盡傳其學而去。疑此翁嫗非凡人，蓋聖賢應化而現者。」

⑲ 參見聖嚴，〈明末的唯識學者及其思想〉，載於：同上書，頁一。

⑳ 這和西方近代開端上的「文藝復興」(Renaissance)有些相似，「文藝復興」中「復」(Re-)的成分也很少。對古代思想的「復」，常常被用作一種新思想、新運動的支撐，倡導者並非真的願意完全回返到古代。

但是，唐代唯識學運動的最重要研究著作在此期間大都失傳，例如唐代窺基的《成唯識論述記》和《成唯識論掌中樞要》、慧沼的《成唯識論了義燈》、智周的《成唯識論演秘》等等，在明末都已無法見到。其原因一部分可能在於，如前所述，唯識學的謹嚴教理、微細分析和繁多名相，使得它難以長期成為佛徒大眾的修習對象；但除此內在原因以外，也還有外在的原因：由於唐武宗會昌年中所發生的廢佛事件，即佛教史上的「會昌法難」，佛教的經籍因武宗的嚴旨而遭到大規模的毀滅㉑，唯識學的許多典籍散佚殆盡，從而導致師承的中斷。因此，明末的唯識學家基本上是從留存下來的一些有限唯識學資料來盡力接續業已斷裂的文獻研究線索，「他們雖未見到唐代的述記及三疏，卻從清涼澄觀（《華嚴經疏鈔》）及永明延壽（《宗鏡錄》）的二書中，探索出研究的脈絡。」㉒

當時唯識學風氣的形成的原因，如聖嚴所言，「可能與禪宗的式微及其自覺有關，自唐宋以下的禪宗，多以不立文字，輕忽義學為風尚，以致形成沒有指標也沒有規式的盲修瞎煉，甚至徒逞口舌之能，模擬祖師的作略，自心一團漆黑，卻偽造公案、呵佛罵祖。所以有心振興法運的大師們，揭出了『禪教一致』主張。」㉓當時的唯識學重要倡導者王肯堂便在其《成

㉑ 參見湯用彤，《隋唐佛教史稿》，載於：《湯用彤全集》，卷二，石家莊，二〇〇〇年，頁五十四。

㉒ 參見聖嚴，〈明末的唯識學者及其思想〉，載於：同上書，頁一。當然還包括當時發現的《八識規矩頌》，對此後面還會詳細論述。

㉓ 聖嚴，〈明末的唯識學者及其思想〉，載於：同上書，頁四。

唯識論集解》中批評說，「宋南渡後，禪宗極盛，空談者多，實踐者少，排摒義學，輕蔑相宗」，並感歎「今談道者滿天下而見道者絕無一人」。為此他竭力倡導唯識學，認為「學道者不明唯識之旨，則雖聰明辯才籠蓋一世，而終不免為籠侗真如，顢頇佛性。」㉔因此，明末的第一次唯識學復興，可以看作是一種對極具中國文化特色的禪宗學派和學風的反動㉕。

但明末的這個「復興」仍然是短暫的。唯識學派在清初、甚至還沒有等清人入關，便又復歸凋零。直到清末民初，唯識學才大體擺脫沉寂和被遺忘狀態，經歷了一場第二次的復興。這一次的唯識學復興，與明末復興的一個相似之處在於，它也是與文獻的重新獲得有關。起因是楊仁山在清朝末年（一八六六年）創立金陵刻經處，借助日本佛學家南條文雄之力，自日本陸續請回在國內業已散佚的佛教經籍，「千有餘冊，上自梁隋，以至唐宋」，其中不乏唯識論疏。楊仁山組織刻版重印，加以提倡，並值此「千載一時」之際，極力弘揚唯識學㉖。

㉔ 王肯堂，《成唯識論證義》，載於：《新纂大藏・卍・續藏經》，卷五十，No. 822，頁八二九。

㉕ 對此也可參見吳立民、徐蓀銘，《船山佛道思想研究》，長沙：湖南出版社，一九九二年，頁二十九：「明後期政治腐敗，學術空疏，滿街都是聖人，到處散佈野狐。不但佛學引上歧途，禪學已極混亂；即理學也走至末路，心學更瀕絕境。針對狂禪、心學之流弊，佛教興起一股重新研究法相唯識之風，不少高僧大德參與研討，僅《八識規矩頌》之注釋、論著，就有晉秦《補注》二卷、明煌《證義》一卷……（下列十種，從略）。」

㉖ 參見楊仁山，《楊仁山全集》，合肥：黃山書社，二〇〇〇年，頁四九九。但值得注意的是，如聖嚴所說，「近代研究唯識的學者們，甚少注意到明末的唯識著作，甚至根本是故意忽略了他們努力的成果。唯一

此後其影響日益廣泛，不僅教界很多大德都曾致力於唯識研究，學界也紛紛從哲學的角度進行探討。

這個第二次的唯識學復興，更多意味著一種以本己化了的文化來應對陌生文化的做法。在此意向中，唯識學被當作「最堪以回應西方文化挑戰的法寶、最為當機的法門」來抵禦當時西方文化的滲透。這種應對之所以能夠興盛，能夠成為一種運動，成為「不僅是整個中國佛教復興運動中最引人注目的事件，也是整個中國近現代思想史、文化史上的一件不容忽視的大事」㉗，在很大程度上是由於作為本己文化的唯識學已被公認為具有與近代西學多層次的共性：不僅僅是在意識結構的內向分析的內容層面，而且在義理的推演、名相的分析、文本的證義等等方法論層面㉘。在這個意義上，唯識學在中國的發展「歷史」，恰恰體現著一種外來思想由異己轉變為本己，又作為本己去應對和接納新的異己的過程，體現著交互文化理解的一個典型實例。果如此，那麼無論唯識學的理論與實踐至此為止在中國思想史上是如

例外是太虛大師。」（參見聖嚴，〈明末的唯識學者及其思想〉，載於：同上書，頁十七）在這個意義上，第二次的「唯識學復興」主要是向唐代唯識學傳統的回溯，而沒有顧及到明末的唯識學研究脈絡，沒有建立起直接的師承關係。

㉗ 參閱佛日，〈法相唯識學復興的回顧〉，載於：《法音》，第五期，一九九七年，頁十。

㉘ 唯識學的這個理論哲學的方法特徵和運作風格早已被一些明眼的學者觀察到，例如呂澂便指出，唯識學「始終為中國佛學的理論基礎，凡是解釋名相，分析事象，都不能不取材於慈恩」（《呂澂佛學論著選集》，卷五，頁二八五二）。

何短暫而不連貫，它在中外文化的交流融合中都始終扮演著並且還會繼續扮演一個極為重要的角色。

在這一節的最後，只還須要留意一個時間上的巧合：與唯識學在明末和民初的兩次復興同步的是在歐洲發生的兩次劃時代的哲學革命。最近一次的時間上巧合在於：二十世紀在中國完成的唯識學復興與歐洲的現象學運動是同步進行的。它們之間的相似性已經在本文第一節「什麼叫唯識學」中得到大致的說明。另一次時間上的巧合則在於：明末的唯識學復興與開歐洲近代史之先河的各種形式的復興運動(Renaissance)，幾乎是平行發生的。明末的重要唯識思想家如德清（一五四六—一六二三）、智旭（一五九九—一六五五）和王夫之（一六一九—一六九二）等人，是歐洲的笛卡爾（一五九六—六五〇）、斯賓諾莎（一六三二—一六七七）等的同時代人。雖然在他們各自的思想和著述中有許多相同的特徵和相通的路徑，但擺在我們面前的歷史事實是：在中國最終也沒有產生出由笛卡爾等人所引發的那種劃時代的思想變革，這種變革是在歐洲歷史上使近代成為近代的東西，也是使西方主體性哲學在認識論和方法論上得以可能的東西[29]。——這裡面雖然隱含著許多值得進一步研究和討論的問題，但由於它們已經超出了本文的論述範圍，因此只能被擱置起來。

---

[29] 筆者曾將這種劃時代的特徵定義為：「求自識」、「究虛理」。但無論是這種特徵定義，還是正文中的相關事實確定，都不帶有價值評判的色彩。詳細的論述可以參閱筆者的專著：《自識與反思——近現代西方哲學的基本問題》，北京：商務印書館，二〇〇二年，頁一～十二。

三、《八識規矩頌》的作者玄奘

《八識規矩頌》一般被看作是唐代的三藏大師玄奘所做。玄奘，俗姓陳，本名禕，生於西元六〇〇年，卒於西元六六四年（卒年按《大慈恩寺三藏法師傳》，但尚存疑義）。河南洛州緱氏（今河南省偃師縣南境）人。其曾祖、祖父為官。父親陳惠則為儒學學者。玄奘年少便因家境困難而住在洛陽淨土寺，學習佛經。二十八歲便熟悉當時流行的各家學說，貫通佛教大小乘的教義，在許多地方講授佛教諸部理論，享有很高的聲譽。但他仍然存有困惑，主要是因為當時流行的《攝論》、《地論》兩家有關法相之說不能統一，因此便起了出國去印度求法的念頭，希望能夠獲得會通三乘學說的《瑜伽師地論》。

西元六二九年，玄奘終於得以啟程西行取經[30]。在西域的求學過程中，玄奘歷經千辛萬苦，參訪各地名師，融通各家諸學。最後又在印度那爛陀寺從瑜伽論師戒賢受學五年，將《瑜伽師地論》以及《十支論》的奧義接承下來。至此，他不僅得到了印度佛教的真傳，而且他

[30] 明代的吳承恩，將這段經歷編入小說《西遊記》，使玄奘以「唐僧」的形象通過小說而家喻戶曉。梁啟超曾抱怨說，「玄奘是中國第一流學者，決不居第二流以下；但是幾千年來沒有幾個人知道他的偉大，最知道的只有做《聖教序》的唐太宗，其次卻輪到做《西遊記》的人，說起來可氣又可笑。士大夫不知玄奘，孺子婦人倒知道有唐三藏！」（梁啟超，《中國歷史研究法》，上海：上海古籍出版社，二〇〇〇年，頁二五四）

自己的成就也已經遠遠超過了當時印度的一般學者的水平。十多年後，玄奘攜帶幾百部梵本佛經和各種佛像起程東歸，於西元六四五年正月到達長安，從此以翻譯經論、傳播新知為己任。在唐太宗的支持下，玄奘建立了規模完備的譯場，大規模地翻譯印度佛教經典。由於玄奘本人有精深的梵文造詣和通達的佛學知識，並且直接主持翻譯和審校，因此譯文嚴格精細，概念準確到位，同時克服了前人翻譯的謬誤。在選題上，玄奘也倚仗其博大的知識背景，將印度當時所傳承的佛學精華基本上傳介進來。因此後人將此期間譯出的佛典稱作「新譯」，而將此前的譯作稱作「舊譯」。

玄奘在回國後全身心致力於譯經，自己著述甚少，流傳下來的更是寥寥。他在天竺時雖然撰有梵文著作《會宗論》、《制惡見論》和《三身論》，但這些書一直未譯成漢文，而原有的梵文本現在也已經失傳。晚年他在弟子窺基的協助下，以護法的注釋為主，融合印度十大論師之說，綜合編纂成完備的《成唯識論》一書。這部書不僅被後人視作唯識宗的百科辭典，而且事實上也成為中國唯識學研究的理論體系。

在玄奘一生的事業中還需要提到的是：他籌劃建立了大慈恩寺，開創並領導了中國的法相唯識宗，培養了窺基、智周等一批唯識學的重要學者，並使唯識學遠傳到日本、朝鮮等地。對此呂澂曾有評價：「公正地說，印度的佛學從漢末傳來中國，直到唐初的幾百年間，種種能夠傳譯印度學說的本來面目的，還要算玄奘這一家。」[31]

[31]《呂澂佛學論著選集》，卷五，頁二七二一。

除此之外，根據自己的不畏艱險的旅行經歷以及對當時印度社會的細緻觀察，玄奘還撰寫了《大唐西域記》。書中詳細介紹了古代西域各個地區和國家的政治經濟、宗教文化、交通地理、語言風俗。這些材料，至今仍然是研究古印度歷史不可或缺的文獻。

綜上所述，無論是在中國文化的交通史上，還是在佛教理論的發展史上，玄奘都是一個劃時代的人物。

四、關於《八識規矩頌》之真偽的爭議

于凌波居士在他所做的《八識規矩頌講記》中說：「《八識規矩頌》，是奘師譯得上千卷唯識經後，於八識作一提綱攜領之作。奘師一生譯而不作，他除了一部《大唐西域記》流傳下來外，在天竺所寫的《會宗論》，《制惡見論》，《三身論》，可惜都未譯成漢文，梵文本已失傳，而今流傳下來的，就只有這《八識規矩頌》十二首頌文了。」明末以來的各大家都不懷疑它是玄奘的原作。因此，《八識規矩頌》在《四庫全書》、《大正藏》、《續大正藏》中均已著錄。

只是在民初以來，懷疑的主張開始出現，此後漸成風氣，在論及玄奘和《八識規矩頌》時每每把《八識規矩頌》視為托偽之作。例如游俠在〈玄奘〉一文中認為，「至後人所傳的《八識規矩頌》，文義都有可疑之處，並非他的手筆。」㉜周叔迦甚至認為這是「晚唐時淺

學末識之流所做。」㉝劉保金在《中國佛典通論》中也提到，「今人研究，因本書文義可疑，並非玄奘手筆。」㉞

但令人感到奇怪的是，從筆者所收集的有關資料來看，提到和認可懷疑主張的人很多，而論證和論述懷疑主張的則極少。歸納起來，這些懷疑大都立足於以下兩個方面的根據：

其一，《八識規矩頌》文義皆有瑕疵，因此判定該書並非出自玄奘的手筆。這個主張主要是由呂澂提出的。他認為「後人所傳的《八識規矩頌》，文義都有瑕疵，一望而知不是奘師的手筆。」他在隨後的注釋中還簡短地說明：「這像將『非量』和『現量』、『比量』並稱為『三量』，又稱難陀論師為『愚者』等，奘師學有淵源，不應草率至此。」㉟

其二，《八識規矩頌》在唐代的文獻中並沒有出現，因此判定是後人的托偽之作。這主要是周叔迦的觀點。他認為：「《八識規矩頌》一卷（北京刻經處本）：唐人著述及《宗鏡

㉜ 游俠，〈玄奘〉，載於：《中國佛教》，卷二，上海：知識出版社，一九九一年，頁一二六。

㉝ 周叔迦，〈釋典叢錄〉，載於：《周叔迦佛學論著集》，上卷，北京：中華書局，一九九一年，頁一〇五七～一〇五八。

㉞ 劉保金，《中國佛典通論》，石家莊：河北教育出版社，一九九七年，頁三七三。

㉟ 呂澂，〈玄奘法師略傳〉，載於：《玄奘大師研究（上）》，臺北：大乘文化出版社，一九七七年，頁六、頁九；原載於：《現代佛學》，第三期，一九五六年。需要指出的是，呂澂在這裡提出的觀點以及批評的口吻，都有草率和武斷的特徵，缺乏學術上的嚴肅性，並導致後人的以訛傳訛，在此評論上有失佛學大師的風範。

錄》中皆未曾引及，惟元雲峰之《唯識開蒙》卷上『八具心所』節中引用之。其後明普泰為之《補注》，憨山為之《通說》，明昱之《相宗八要直解》，智旭之《相宗八要解》，皆有之。憨山《通說》云：『但窺基舊解，以論釋之，學者難明。』然今窺基舊解已不可得。且其所指，當時實別有窺基解耶？抑誤以普泰增注為窺基解耶？普泰〈序〉中明言為注之人，不書其名，則非窺基可知。今疑頌與舊解實出於一人之手，為晚唐時淺學末識之流所做，傳及後代，失其人名，遂歸之奘公耳。」㊱

這些懷疑，總地說來是不充分的，因此一直沒有得到普遍的支持。因為就第一點而言，呂澂所說的「文義之瑕疵」，並不是《八識規矩頌》本身的內容弊病，而是在對它的各種解說中所含的可能弊病。在《八識規矩頌》中既沒有說明「三量」是什麼㊲，也沒有說明「愚

㊱《周叔迦佛學論著集》，上卷，頁一〇五七～一〇五八。周叔迦的這段評論與呂澂的相似，在論述方式與風格上存有相同的問題或詬病。

㊲關於「三量」這個概念本身，在《成唯識論》中既提到「能量、所量、量果」，也提到「現量、比量、非量」。因此，對「三量」做這樣兩種解釋都應當是符合玄奘原意的。呂澂自己沒有展開對這個論點的陳述。但從他對陳那的「二量」之劃分的評說中或許可以瞭解他的大致思路和基本想法：「陳那以前，外學（如正理派）和古因明師都談量，不過種類很多，除現比二量外，還有譬喻量、聲量、義准量、無體量。……陳那把這些量加以簡化，只留現、比二量。為什麼要這樣做？這是由所量（認識對象）決定的。有幾種認識對象就有幾種量。對象不外兩種：自相境與共相境。不論什麼時間，也不論什麼地方，只要是親切經驗到的就是自相；與概念聯繫的則是共相。既然所量有二，能量也應有二。認識自相的量是現量；認識共相的量是比量。聲量、喻量、義准量、無體量都可以歸入比量。陳那把這些量歸為二，不僅名目不

者」是何人[38]。呂澂的批評，可能基於對當時的《八識規矩頌》的流行解說。現在看來，如果將它用於《八識規矩頌》本身，是不足為取的。

實際上，《八識規矩頌》是否出自玄奘之手，說到底並不是一個至關重要的問題。在留傳下來的《釋尊言錄經書》中，也有許多如今已經難以確定，哪些是真正源自他本人的說教。關於《阿含經》與《大乘經》的爭論幾乎貫穿在佛教歷史的始終[39]。這類真偽問題的爭論，在思想史上不計其數，在佛教史上也不勝枚舉，例如近代有關《大乘起信論》之真偽的爭論[40]。

同，內容也不同了。」（《呂澂佛學論著選集》，卷三，頁一五七五～一五七六）在這個意義上，陳那主張「現量」和「比量」的二量劃分，而非三量劃分。呂澂可能據此而認為：由於玄奘在量論基本上遵循陳那的路線，因此玄奘不會認同「現量、比量、非量」的三量劃分。

[38] 關於「愚者」，在《成唯識論》中常常出現「愚者」、「愚夫」的概念，大都是指不明佛法的人，也作「愚夫」。按《丁福保佛學大字典》的說法，「愚者」是對梵文"Bamacronla"的翻譯。「言愚癡之凡夫也。」《新譯仁王經》中曰：『愚夫垢識，染著虛妄。』《唯識樞要上本》曰：『梵云婆羅，此云愚夫，本錯云縛羅，乃言毛道。』」

[39] 這與古希臘時期的柏拉圖和亞里士多德的著作情況相似：在今天被認作真正是柏拉圖的三十六篇對話中，只有五篇是從未受到懷疑的。而亞里士多德的著作因篇幅巨大，流失較多，因此流傳至今的就相對可靠一些，但也還有三分之一被視為托偽之作。

[40] 王恩洋曾與呂澂一同積極參與了《大乘起信論》之真偽問題的爭論，並且非毀其為「梁陳小兒所作，鏟絕慧命」，因此而受到印順的批評（參見印順，《大乘起信論講記》，臺北：正聞出版社，一九九二年，頁四）。但對《八識規矩頌》，王恩洋並不懷疑它的真偽，相反還為之專門著有《八識規矩頌釋論》（載於：《王恩洋先生論著集》，卷二，成都：四川人民出版社，二〇〇一年）。

這更多地是一個解釋學的問題，甚至是一個比解釋學更古老的問題，亦即與釋經學有關的問題。

但問題的關鍵在於：《八識規矩頌》是不是一部值得我們討論和研究的著述。而對此問題，目前的教界和學界大都持肯定的態度。

這一方面是因為，就其本身的價值而言，《八識規矩頌》的內涵極為豐富，普泰說它「文略而義深，乃集施頌體制兼以韻。故知義彼而文從此，擴充之則唯識理事無遺矣」。㊶演培則更是「敢以斷言」：「奘公所造的這個《八識頌》，其價值並不讓於世親的《三十頌》。」㊷也正因為此，在世界各地的佛教界，《八識規矩頌》今天仍然是最重要的佛教唯識學的入門教材之一。

另一方面的原因則在於，就其歷史影響來看，《八識規矩頌》已經有了自己的效果史、作用史，在中國唯識學的歷史發展中有了自己特定的位置。它甚至可以被看作是明末唯識學思潮的引發者和開啟者。因為，最初推動明末諸家研究與宏揚唯識學之思潮的是普泰法師以及他為《八識規矩頌》和《百法明門論》所做的注解。明末的大師，幾乎全都做過《八識規矩頌》的注解㊸。

㊶《新纂大藏・卍・續藏經》，卷五十五，頁三八七。
㊷演培，《唯識二十頌講記・八識規矩頌講記》，臺北：天華出版公司，一九八六年，頁一二二。
㊸聖嚴說：「法相唯識學所依的典籍，雖有六部經典及十一部論典，然在中國唯識學的本身，所重視者則

除此之外，從民初以後的唯識學家，包括新唯識學家熊十力，到當代的重要佛學家如南懷瑾、聖嚴等人，都在自己的著述中引用過《八識規矩頌》。而守培、王恩洋、演培、太虛、龔自珍等都研讀、講解、評述過《八識規矩頌》。熊十力、歐陽竟無、印順等人都研究和引用過《八識規矩頌》。

五、關於《八識規矩頌》今釋的說明

《八識規矩頌》的格式相當嚴謹：全文共四十八句、每四句為一頌，共十二頌；每三頌為一組，共四組。這四組分別頌：前五識、第六識、第七識、第八識。每組由三頌組成，每頌各自的立意也明確彰顯，沒有混雜：第一頌、第二頌都是描述心識的類型、結構、對象，第三頌則都用來描述轉識成智的修習過程。

由於《八識規矩頌》言辭極為簡略，但又不失唯識學之要義，因此可供修行者作方便法門之用。普泰甚至說，「擴充之，則唯識理事無遺矣」。

明末以來對《八識規矩頌》的注釋，大都立足於普泰的《八識規矩頌補注》的立意之上。

為《成唯識論》、《三十唯識頌》、《二十唯識頌》、《百法明門論》、《觀所緣緣論》、《八識規矩頌》、《因明入正理論》。明末諸師，便沿襲著這樣的路線而寫作。」（聖嚴，〈明末的唯識學者及其思想〉，載於：同上書，頁二十二）

後人的詮釋，基本遵循了普泰的宗旨，當然其中也有改動和刪減。

普泰最初的《八識規矩頌補注》是逐字逐句地進行詮釋和闡發，以後明末的各大師如明昱的《八識規矩補注證義》、正誨的《八識規矩略說》、真可的《八識規矩頌解》、德清的《八識規矩通說》、廣益的《八識規矩纂釋》等等，都是按這個方式來進行解說。當代的許多解釋者也都依此方案進行論述，如演培《八識規矩頌講記》和聖嚴《探索識界：八識規矩頌講記》。

清末的太虛在做《八識規矩頌講錄》時則換了一種方式：把《八識規矩頌》的句子順序完全打亂，根據自己整理的思路來選擇其中的句子講，但每句都講到，沒有遺漏。

而當代于凌波居士的《八識規矩頌講記》，則是用十二講中的前八講來解釋唯識學的基本概念，尤其是在《八識規矩頌》中出現的、涉及的概念，然後才用最後的四講來解說前五識頌、第六識頌、第七識頌和第八識頌。

這幾種解說的方式都各有自己長處和短處，這裡不做評論。筆者在這裡所做的解釋仍然遵循《八識規矩頌》的原有句序進行，也就是依據普泰原初的講述方式。

儘管從詮釋的一開始，筆者便牢記智旭為他自己所立的注解唯識之準則：「不敢更衍繁文，只圖直明心觀」，但隨著詮釋的展開，筆者愈來愈感到，這種「直明心觀」遠遠不只是一個初步的要求，而幾乎是全部關鍵之所在。這尤其體現在對佛教經典的詮釋上。

筆者深感對佛典的詮釋是一項極為複雜和困難的事情。「極為」二字，乃是相對於其他經典（譬如現象學經典）的詮釋而言。這主要是因為，對佛教經典的釋義，毫無例外地既是理論上的探索、辨析與考量，也是實踐中的修習、親證與體悟。換言之，佛典的釋義，既是理證，也是教證。這種雙重的性質，使得解釋者常常不能滿足於對理論靜觀立場的固守，不能滿足於對中立化描述方式的固守。

與此密切相關，在將佛教概念與義理向現代語言的轉渡過程中，筆者也深感到：認知術語的現代改寫相對容易，修行語式的現代改寫相對困難。

因此，這裡的釋義，只是一個初步的、摸索的嘗試。筆者之所以冒昧做此嘗試，乃是因為筆者在多年前便相信，唯識學和現象學之間的互釋和互解，可以為認識和把握心識的結構提供一個方便法門。筆者曾相信並且今天仍然認為：如果我們所要探討的是同一個課題，即意識，那麼現象學的面對實事態度與唯識學的研讀文本要求或許恰恰可以為我們提供兩種不同的切入問題之角度，使我們的兩方面的考察能夠得到互補性的動力。一方面，當唯識學文獻所展示的說法繁雜變換，使人無所適從時——這是唯識論探究者們常處的境地——，現象學所倡導的自身思義(Selbstbesinnung)便有可能提供一種具有原創力的直接直觀的審視。另一方面，如果現象學的苦思冥想無法在意識分析的複雜進程中完成突破——這也是對許多現象學研究者來說並不陌生的經歷——，那麼唯識學的厚重傳統常常可以起到指點迷津的作用。現象學與唯識學在一定程度上體現著「思」與「學」的兩個基本方向㊹。

㊹ 參見筆者，〈現象學運動的基本意義〉，載於：《中國社會科學》，第四期，二〇〇〇年，頁七十八。

※ ※ ※

這裡的《八識規矩頌》解說文字初稿完成於二〇〇三年末。在隨後的二〇〇四年夏季學期裡，筆者以「唯識學研究」為課題、以此稿為講稿，給廣州中山大學哲學系的碩士、博士研究生開設了佛教唯識學的討論課。授課期間，從參與者的思考中獲益良多。在此特向參與討論的同學表示感謝！

在收集資料與寫作的過程中，曾承蒙金陵刻經處的呂建福、《浙江學刊》編輯部的任宜敏、南京大學的楊維中、陝西師範大學的吳言生、香港大學佛教研究所的姚治華、中山大學的馮煥珍、龔雋、廣東省民族宗教研究所的夏志前以及其他學友之指點和幫助，特在此致以衷心的謝意！儘管如此，文中仍然難免遺留諸多問題，對此仍應由筆者本人承擔責任。還請同道中人對文中的疏漏之處、愚妄之言隨時予以批評指正。筆者在此預先致謝！

唯識之學，集二十多個世紀法相唯識各代大德高僧的勞作與心血，智海慧山、精微博大、深邃高遠。這裡的嘗試，實乃管中窺豹，如能悟得其中真諦之萬一，已是幸事，更不敢初嘗輒止，滿足於淺見薄識。願以此與同道者共勉！

倪梁康

二〇〇四年七月

八識規矩頌全文

唐三藏沙門玄奘奉詔撰

1. 性境現量通三性
2. 眼耳身三二地居
3. 遍行別境善十一
4. 中二大八貪嗔癡
5. 五識同依淨色根
6. 九緣七八好相鄰
7. 合三離二觀塵世
8. 愚者難分識與根
9. 變相觀空唯後得
10. 果中猶自不詮真
11. 圓明初發成無漏
12. 三類分身息苦輪
13. 三性三量通三境
14. 三界輪時易可知
15. 相應心所五十一
16. 善惡臨時別配之
17. 性界受三恒轉易
18. 根隨信等總相連
19. 動身發語獨為最
20. 引滿能招業力牽
21. 發起初心歡喜地
22. 俱生猶自現纏眠

23. 遠行地後純無漏
24. 觀察圓明照大千
25. 帶質有覆通情本
26. 隨緣執我量為非
27. 八大遍行別境慧
28. 貪癡我見慢相隨
29. 恒審思量我相隨
30. 有情日夜鎮昏迷
31. 四惑八大相應起
32. 六轉呼為染淨依
33. 極喜初心平等性
34. 無功用行我恒摧
35. 如來現起他受用
36. 十地菩薩所被機
37. 性惟無覆五遍行
38. 界地隨他業力生
39. 二乘不了因迷執
40. 由此能興論主諍
41. 浩浩三藏不可窮
42. 淵深七浪境為風
43. 受熏持種根身器
44. 去後來先作主公
45. 不動地前纔舍藏
46. 金剛道後異熟空
47. 大圓無垢同時發
48. 普照十方塵剎中

前五識頌（一——十二句）

1. 性(ㄒㄧㄥˋ)境(ㄐㄧㄥˋ)❶現(ㄒㄧㄢˋ)量(ㄌㄧㄤˋ)❷通(ㄊㄨㄥ)三(ㄙㄢ)性(ㄒㄧㄥˋ)❸

【章　旨】

對八識的論述，是從前五識開始的。從這裡的第一句到第十二句，都是對前五識的闡釋。因此，我們可以像明代的法師虛中廣益一樣，將前十二句稱作「五識頌」。它們共分三組，每組四句。這裡開始的是第一頌。

在這裡所頌的八識中，前五識是指：「眼識」、「耳識」、「鼻識」、「舌識」、「身識」。它們用現在較為通行的語言來說就是「視覺」、「聽覺」、「嗅覺」、「味覺」和「觸覺」，都屬於感官的感覺。這樣的分類在自亞里士多德以降的西方哲學中也不斷出現：它們相當於洛克所說的"sensation"或休謨所說的"impression"或胡塞爾所說的"Empfindung"。

由於前五識並不能單獨生起，例如具體的顏色視覺總是與對物體的意識一同產生的，因此可以說，前五識並不是獨立的心識活動，不是意識活動(noesis)，而只是感覺材料(hyle)的類別。唯識學家之所以將它們稱作「識」，乃是因為它們具有了別的功能，即可以它們代表著各種不同的感覺材料的類型。

較之於西方哲學中的心理研究，唯識宗在對心識的劃分上既可以說是更為細緻，也可以說是更為繁瑣。這種劃分不僅涉及意向活動的官能（根）、意向活動本身（識）、意向活動的對象（境），而且還涉及意向活動的結果（量），意向活動的條件（緣），如此等等。

在這一句中雖然沒有出現「五識」的概念，但主要說明的是前五識所屬的境、量，以及它們與三性的關係。前五識屬於三境中的性境，屬於三量中的現量。前五識是感覺，沒有善、惡可言，但可以說，它們與善、惡、無記這三種本性是相通的。

【注釋】

❶性境　唯識學所主張的「三境」之一（可參見第十三句「三境」的注釋）。「境」(visaya)是指感覺和思維的所指向、所攀緣的區域，也就是指心識活動所涉及的各類對象；其中不僅包括具體的、感性的對象，而且還可以包括抽象的、觀念的對象。例如，色是眼識所指向的東西，因此被稱作色境；法是意識所指向的東西，因此被稱作法境。我們也可以用現代西方現象學的術語將它稱作「意向相關項」(noema)。它與「內識」相對，因此也被稱作「外境」。「境」基本上是佛學中的「所緣」(alambana)或「相分」的同義詞，只是「境」更多是被用來指稱外部的、空間的對象；而「所緣」和「相分」則泛指所有內部和外部的對象。對此可參見第二十六句「隨緣」的注釋。關於「三境」的區分在佛典中沒有記載，因此後人推測是由玄奘大師直接繼承當時印度所學，或者是自己的觀點。「三境」，也叫做「三類

境」。它們分別是指：一、「性境」，它意味著一切實境，也就是一切能夠引起眼、耳、鼻、舌、身、意的感覺作用的對象。因此性境中包含著色境、聲境、香境、味境、觸境、法境這六境。它們會污染人心，故又稱為「六塵」。「性」在這裡是指「實」的意思，即真實不虛。就是說，性境所涉及的，無不與意識活動的實在性質有關，它完全建基於感覺材料（即現代的現象學家所說的“impressional”材料）的基礎上，如桌子的硬度、水的濕度和溫度等等，這些感覺材料不會因為意識活動的變化而改動。二、「獨影境」，它只是一種虛境，因為它完全是由內心單獨現起的想像或幻覺所造成，缺乏感覺材料的依據，僅僅建立在想像材料（即現象學中所說的“imaginär”材料）的基礎上。例如關於龍的想像：雖然它作為對象出現在我們的意識中，但始終也只是一種影像。夢、幻覺、臆想的內容等等都屬於獨影境。三、「帶質境」則是一種在一定程度上依仗了實境、再借助內心的想像和虛幻作用而產生的境界。它可以是正確的，例如把在鏡子中見到的影像當作實在的事物的反映；也可以是錯誤的，例如把地上的繩子當作蛇，如此等等。通常所說的直覺、錯覺、自我感覺的內容等等，都可以看作是帶質境的內容的一種。

❷現量 (pratyaksa-pramana)是唯識學所區分的「三量」之一（可參見第十三句「三量」的注釋）。「量」(pramana)在這裡是指尺度，它與知識來源、知識形式、知識真偽的標準有關，也就是可以將它簡稱為「知識」。自古以來，印度各家哲學宗派便盛行探討知識來源、形式和真偽的學問，由此而產生出各種「量論」的學說，也就是如今所說的「知識論」。其中最普遍的就是「三量」。但是，關於「三量」的內容與名稱，各家宗派的理解又都不盡相同。例如，在唯識學這裡，「三量」可以是指：「所量」、「能量」、「量果」。然而這裡所說的「三量」，是唯識學家所主張的另一種「三量」。它們分別是指：一、「現量」，

也稱為「真現量」。就是現實的認知活動或認知能力，或者說，通過感官進行的認識活動和認識能力。現量不僅包含由前五識所獲得的五境的知識，還包括第六識的意識與前五識共緣的五境者（五同緣意識），與五識同時起者（五俱意識），還包含在定中的意識與第八識的緣諸境。總而言之，這一類知識是通過五官能力而從外界現象方面直接覺知的知識，是感知的知識、直接的知識。它構成知識的最原初的和最基本的來源。這個觀點和主張在現代西方現象學的代表人物胡塞爾和梅洛龐蒂(M. Merleau-Ponty)的哲學中也再次得到強調，他們都把感知(perception)看作是認知活動的第一性基礎。二、「比量」(anumana-pramana)，也稱為「真比量」。它是從已知的外境來進行比附，從而能正確推知尚未現前的、未知的外境。通過回憶、想像、聯想來進行的認知活動或認知能力，包含通過語言符號、推理、運算等等來進行的認知活動，都可以說是「比量」。在這個意義上，「比量」屬於間接的認知活動。但如窺基在《成唯識論述記》中所言，三種知識中，實際上是「比量最寬」，也就是說，大多數的認知活動，都屬於間接的認知活動。三、「非量」，即與「真現量」和「真比量」相對的「似現量」、「似比量」之總稱。它意味著無法得到通常意義上的認知結果的認知活動或認知能力。例如在夢中意識中進行的認知活動，一般被稱作「非量」。今天我們可以稱之為「形上學」的思考，也可以被納入到「非量」的範疇，因為它們不屬於嚴格意義上的認知活動，因而是「非認知活動」。此外，被認定為錯誤的知識，也屬於「非量」。在這個意義上，「似比量」就是錯誤的知覺，即錯覺。「似比量」就是錯誤的推理。

❸三性　語義是指三種本性。「性」(prakrti)有不變之義，與「相」、「修」相對，相當於性質、本性、自體等等。可以說，「性」是指不會因外界的影響而改變的本質。唯識學所說的「三性」，主要是指諸法的三種存在形態或層次上的三性，又稱「三自性」(tri-svabhava)。它們是印度唯識學派的重要主張，

也代表著法相唯識宗的根本教義。它意味著：一切存在之本性與狀態（性相），可以從它們的有無或假實的立場、從它們的可識性角度分成三種，稱為「三性」。它們分別是指：「遍計所執性」、「依他起性」、「圓成實性」。由於這裡的「三性」並不涉及這個意義上的三種本性，因此姑且置而不論。在這一句裡所涉及的是另一類「三性」，即與佛教倫理道德的標準有關的三性。它們分別是指：一、「善性」，對於現世、來世和自己、他人是順應的和有益的，便是善性。《成唯識論》說，「順益此世、他世為善」。二、「惡性」，對於現世、來世和自己、他人是違背的和有損的，便是惡性。《成唯識論》說，「違損此世、他世為惡」。三、「無記」（或者更確切地說，「中性」），由於它非善非不善，不能記為善，不能記為惡，也不能預測它的後果是順應與有益，還是違背與有損，所以被稱作「無記」。它與古希臘斯多噶學派所提出的「道德中值」(Adiaphora)概念相似，也與現代價值論中所說的「價值中性」概念相似，它們被用來標識所有在倫理學上既非善也非惡的價值。此外還需要注意的是：「無記」雖然不可記作「善」、「惡」，卻仍然可以分為兩種：有覆無記和無覆無記。前者指可以遮蓋聖道的無記，後者是不遮蓋聖道的無記。（參見第二十五句「有覆」的注釋。）

【語釋】

就前五識而言，通過直接的外部經驗所獲取的現實知識，是與善、惡以及非善非惡的三種本性相貫通的。即是說，它們可以是善的，也可以是惡的，也可以是非善非惡的。

2. 眼耳身三❶二地❷居

【章旨】

在這一句中，前五識的行止範圍得到界定，即是說，前五識的有效活動範圍得到界定。在三界九地之中，前五識只到第一地還有效用，眼耳身等三識則到第二地還有效用。無論如何，前五識到了第二地以後就都止步了。因此可以說，達到第三地以上的眾生，就可以脫離開前五識。（參見第八句「愚者」的注釋。）

【注釋】

❶眼耳身三　指眼識、耳識、身識這三識。

❷地　(bhūmi)指持載、依託的場所，也就是眾生依此而住的場所，即所謂「能生曰地」。佛教經論中把「地」分為九種，即所謂「九地」，一為「五趣雜居地」，二為「離生喜樂地」，三為「定生喜樂地」，四為「離喜妙樂地」，五為「舍念清淨地」，六為「空無邊處地」，七為「識無邊處地」，八為「無所有處地」，九為「非想非非想處地」。在這「九地」中，一地為「欲界」，接下來的四地為「色界」，再後的四地為「無色界」（參見第十四句「界」的注釋）。因此統稱為「三界九地」。「二地」是指九地中的前兩地。

【語釋】

在眾生能夠達到的九個生命境界中，前五識在其中的第一個層次起作用，而其中的眼識、耳識、身識還在九個層次中的第二個層次起作用。即是說，前五識在總體上到了第二地就完全止步了。

3. 遍(ㄅㄧㄢˋ)行(ㄒㄧㄥˊ)❶別(ㄅㄧㄝˊ)境(ㄐㄧㄥˋ)❷善(ㄕㄢˋ)十(ㄕˊ)一(ㄧ)❸

【章旨】

「八識」統稱為「心」或「心王」。這一句和後一句討論的都是與前五識相關聯的「心所」(caitta)，儘管這個概念在句子中並未出現。「心所」也叫「心所法」，是指伴隨心識而產生的各種心理現象的類型。唯識學家共列出五十一位心所，再分為六組，即「六位心所」。本句記錄的是前三組：「遍行」(五法)、「別境」(五法)、「善」(十一法)。另外三組是「煩惱」(六法)、「隨煩惱」(二十法)、「不定」(四法)。

【注釋】

❶遍行 (sarvatraga)，是唯識宗所確立的六位心所之一。它意味著在心識活動發生時都必定會一同出現的心理現象。由於它具有普遍性，貫穿於所有八識，故稱「遍行」。它共有五種：觸、作意、受、想、思。

❷別境 指「別境心所」，共有五種：欲、勝解、念、定、慧。「別境」正好與「遍行」相對，它不是普遍有效的和必須出現的，而是在不同情況下各個有別的，隨機而產生的。

❸善十一 善，指「善心所」，共有十一種：信、慚、愧、無貪、無嗔、無癡、勤（也作「精進」）、輕安、不放逸、行舍、不害。這裡的「善」，有一個標準，即：對於佛陀的教法，依法而行。這個意義上的「善」，與三性中的「善性」也是一致的：對於現世、來世和自己、他人是順應的和有益的，便是善性。《成唯識論》說，「順益此世、他世為善」。它的具體表現，在唯識學看來就是以上這十一種心所法。

【語　釋】

在與心識相伴相應產生的各種心理活動和心理現象中，可以區分出遍行、別境和善三位，共計二十一種類型。這二十一種心理活動和心理現象都有可能伴隨前五識產生。

4. 中二❶大八❷貪嗔癡❸

【章　旨】

況。

這一句進一步劃分「心法」第四、五組「煩惱」（也叫「根本煩惱」）和「隨煩惱」的情況。

《大智度論》卷七中說：「煩惱者，能令心煩能作惱故，名為煩惱。」而「隨煩惱」中的「隨」，是指「伴隨」。「隨煩惱」意味著隨根本煩惱一同生起的種種煩惱的心理活動和心理現象，與「根本煩惱」相對稱。

「隨煩惱」現象共有二十種，分別為：忿、恨、惱、覆、誑、諂、憍、害、嫉、慳、無慚、無愧、不信、懈怠、放逸、惛沉、掉舉、失念、不正知、散亂。這些煩惱還被進一步分為三種：最初的十種（從「忿」到「慳」）是個別生成的，所以被稱作「小隨煩惱」（小隨惑）。接下來的兩種（「無慚」、「無愧」），是普遍伴隨一切不善心而生成的，所以稱作「中隨煩惱」（中隨惑）。最後的八種（從「不信」到「散亂」），是普遍伴隨一切不善心與有覆無記的心而生成的，所以稱作「大隨煩惱」（大隨惑）。關於「有覆無記」，可參見第二十五句「有覆」的注釋。

「根本煩惱」現象共有六種：貪、嗔、癡、慢、疑、惡見。

【注　釋】

❶中二　指「中隨煩惱」兩種：無慚、無愧。

❷大八　指「大隨煩惱」八種：不信、懈怠、放逸、惛沉、掉舉、失念、不正知、散亂。

❸貪嗔癡　指「根本煩惱」中的前三種。「根本煩惱」共有六種。另外三種（慢、疑、惡見）之所以不與前五識一同產生，乃是因為前五識還沒有「執我」的功能，因此不會與前五識一同生起。

【語　釋】

與前五識相伴相應產生的還有各種煩惱的心理活動和心理現象，其中所有兩種「中隨煩惱」、所有八種「大隨煩惱」，以及六種「根本煩惱」中的前三種。

5. 五識❶同依淨色根❷

【章　旨】

從這裡開始「五識頌」的第二頌。這一句的主旨在於說明前五識的是「識」與其生理學—生物學基礎之間的關係，說明前五識產生所需要的器官組織的條件。這個意義上的「識」與「根」的關係，曾被王恩洋比喻為電與電線的關係。他認為這兩者「性用異故，個別有體」。此外，演培也做過類似的比附。

【注　釋】

❶識　梵語的原文為"vijnana"。這個詞是由兩個部分合成的："vi"，即：「分析」、「分割」；"jnana"，即：「知」或「智」。它意味著區分—認知的心識活動。唯識學家也稱作「了境」或「了別」。用現代西方現象學的術語來說就是「意向活動」(noesis)。它通過認同、分辨，將雜亂的感覺材料整理成對象，使相對於主體的客體被構造出來。因而「識」無異於構造對象的活動，或者說，客體化的活動、對象化的活動。它與被構造出來的「外境」相對，因此也被稱作「內識」。初期小乘佛教經論中把心、意、識三個詞混同使用。《阿含經》時常說到「此心、此意、此識」。以後大乘唯識學逐漸將三者區分使用。「心」(citta)統指所有八識，統稱「心識」；「意」(manas)特指八識中的第六識，即「意識」。

❷根　(indriya)，原義是「能生」，指人體所具有的官能、器官、機能。在它被看作是精神和物質的結合處、聯通處，能生成眼識、耳識等。這個概念已經涉及生理學—生物學的領域。但以上這個定義還只是對相對於前五識而言的前五根有效，即對「眼根」、「耳根」、「鼻根」、「舌根」、「身根」有效。而在五根以後的各個根中，「根」更多意味著資質、天資、素質。最寬泛意義上的「根」共分「眼根」、「耳根」、「鼻根」、「舌根」、「身根」、「意根」、「女根」、「男根」、「命根」、「樂根」、「苦根」、「喜根」、「憂根」、「舍根」、「信根」、「勤根」、「念根」、「定根」、「慧根」、「未知當知根」、「已知根」、「具知根」等二十二根。一些唯識學家把「眼根」等前五根再劃分為兩類：一、「勝義根」，又稱「淨色根」。負責感覺作用的官能，但還不是可見的五官外形。一些唯識學家（如太虛、王恩洋等）將它比喻為如今生理學所說的不可見的內部神經系統，因此也將它稱作「內根」。二、「扶塵根」，起輔助作用，相當於如今生理學所說的五官組織，如眼球、鼓膜等可見部分，它們是血肉形成的外部器官，因此也被稱作「外根」；但還有另外一些唯識學家則認為，只有「勝義根」才是五根。這一句也在某種程度上持有這種

主張。至少在這裡可以讀出，相對於「扶塵根」，「淨色根」是更為基礎性的。

【語　釋】

眼識、耳識、鼻識、舌識、身識這前五識，均以「眼根」、「耳根」、「鼻根」、「舌根」、「身根」這前五種相應的器官組織或神經系統為依據。

6. 九緣❶七八❷好相鄰

【章　旨】

這一句是對前一句內容的進一步展開，列舉和說明前五識產生所需的所有基本條件。前一句中所說的官能條件，在這一句中只是作為九種條件中的一種，即：根緣。除了根緣之外，還有其他八種條件。

【注　釋】

❶緣　(pratyaya)，有原因的意思，在這裡是指助成前五識或促使前五識產生的條件。唯識學家區分九種「緣」，它們分別是指：一、「明緣」，指光線條件，如眼識沒有相應的光線就不能產生。二、「空緣」，

指空間條件，如眼識、耳識沒有相應的空間就不能成立。三、「根緣」，指官能條件，如前五識沒有相應的器官就不能產生。四、「境緣」，指心識對象條件，前五識沒有相應的對象就不能產生。五、「作意緣」，可以說是注意力的條件，沒有相應的覺察和關注，前五識都不會產生。六、「根本依緣」，指第八阿賴耶識的條件。沒有第八識就不會產生前五識。七、「染淨依緣」，指第七末那識的條件。沒有第七識就不會產生前五識。八、「分別依緣」，指第六意識的條件。沒有第六識就不會產生前五識。九、「種子緣」，指先天可能性的條件；這是對九緣的總結：前五識的產生、甚至所有八識的產生，都與它們各自的先天潛能相關。唯識學家說「九緣生識」，意思是說：五種心識的產生借助於九種情況，甚至可以說：五種心識的產生以九種情況為條件。也有人說，所有八識的產生都借助於九緣。但這裡有邏輯上的問題，因為後三識據此就會既是結果，又是條件。因而此處只提及「九緣生五識」。

❷七八　一版作「八七」，是指前五種心識的產生各自需要具備的具體條件數。眼識需要九種緣，耳識需要八種緣，鼻識、舌識、身識需要七種緣。這些數字順次相互比鄰。除此之外，明末的唯識學家還認為，後三識的產生也需具備條件：第六意識需要五種緣，第七末那識需要三種緣，第八阿賴耶識需要四種緣。

【語　釋】

眼識、耳識、鼻識、舌識、身識的產生都依從一定的條件，有的依從全部九種，有的依從八種，有的依從七種。這些條件彼此聯繫、合作，並不相互乖違。

7. 合三❶離二❷觀塵世❸

【章旨】

這一句所討論的是在前五識的發生過程中，感覺神經或感覺器官（根）與相應的感覺對象（境）之間的基本關係。

【注釋】

❶合三　指鼻識、舌識、身識三者在構造對象過程中，相應的器官組織必須與相關對象相貼近。

❷離二　指眼識、耳識兩者在構造對象過程中，相應的器官組織必須與相關對象相間隔。

❸塵世　指色境、聲境、香境、味境、觸境、法境所組成的物質現象界，也被稱作「六境」。

【語釋】

通過五種器官組織對外部對象世界的觀察可以分為兩種情況：一類是鼻嗅香、舌嘗味、身觸冷暖，在這種情況中，器官組織必須與相關對象相互貼合，彼此之間無距離；另一類是眼見色、耳聞聲，在這種情況中，器官組織必須與相關對象相互分開，彼此之間有距離。

8. 愚者❶難分識與根❷

【章旨】

這一句的主旨在於強調心識活動與器官組織之間的區別。對在其中受到批評的「愚者」，唯識學史上有多種解釋，引起爭論也最多。（參見「導讀」的說明。）

【注釋】

❶愚者 (bamacronla)，「愚」是指不明佛法或誤犯佛法。「愚者」與「智者」相對。在玄奘的《成唯識論》和窺基的《成唯識論述記》中都曾多次提到「愚者」或「愚夫」，它們的意思都是如此。自普泰起，明末的唯識學家大都認為，這是對小乘佛教的批評，「愚者」是指小乘學者中沒有弄清佛法的人。普泰在《補注》中說，「此言小乘愚法聲聞。不知根之與識各有種子現行。以為根識互生也。根之種現但能導識之種現。」由於小乘只承認前五識和第六識，因此一些小乘學說認為，是感覺神經或感覺器官在構造和認識對象（了境），他們被稱為「根見家」，另一些小乘學說則主張，是心識活動在構造和認識對象，他們被稱為「識見家」。他們都各執一端，實際上沒有看到「根」和「識」的區別，沒有區分心識活動的條件和心識活動本身。近代學者中的呂澂則認為，「愚者」具體有所指，即指印度的難陀論師。他據此而否認《八識規矩頌》為玄奘所撰，認為玄奘不可能寫出這樣的語句。（參見「導讀」的相關評論。）還有一種值得注意的解釋是：「愚者」泛指所有那些沒有能夠完全擺脫物質世界（色法）的人。

前面第二句說「眼耳身三二地居」，涉及到「三界」（一、欲界；二、色界；三、無色界）和「九地」（一、五趣雜居地；二、離生喜樂地；三、定生喜樂地；四、離喜妙樂地；五、舍念清淨地；六、空無邊處地；七、識無邊處地；八、無所有處地；九、非想非非想處地），其中第一地為「欲界」，接下來的四地為「色界」，再後的四地為「無色界」。第二句的意思是說，前五識到了第二地以後就不再起作用了。但第三、四、五地仍被稱作「色界」。這乃是因為，前五識在這裡雖然已經不起作用，但前五種內根仍然還有效，即前五種感覺神經系統仍然處在物質世界之中。擺脫了前五識所涉及的物質世界，並不等於就擺脫了前五根所涉及的物質世界。前者是「外色」，後者是「內色」。如果不瞭解這個區別，就是不明佛法的「愚者」。太虛法師則乾脆總括地把「愚者」解釋為「小乘、外道、凡夫」三種人，即「無真智慧」的人。

❷識與根　是指「識」與「根」不可等同，但彼此有關聯。一般認為它們之間存在五種關聯：一是根能發識，二是識必依根，三是根能助識，四是識屬於根，五是識猶如根。

【語釋】

不明佛法的修行者，或者說，不明唯識理事的人，也就無法弄清心識活動和器官組織的區別所在。

9. 變(ㄅㄧㄢˋ)相(ㄒㄧㄤˋ)❶觀(ㄍㄨㄢ)空(ㄎㄨㄥ)❷唯(ㄨㄟˊ)後(ㄏㄡˋ)得(ㄉㄜˊ)❸

【章旨】

這是「五識頌」的第三頌。前兩頌八句討論與內因與外緣相關的各種法則，也稱「有為法」。這裡開始的第三頌四句，已經從對心識的闡釋過渡到對智慧的討論，即是說，已經涉及到佛教經論中所說的「轉識成智」，即：通過修行(bhavana)，將凡人的八識轉變成佛的四智。「修行」是指在宗教生活中根據宗教信仰而對生活所做的統制、調節、規定。

佛教經論中的「智」或「智慧」(jnana)，是指深明事理、判斷是非、正邪，並有所取捨的能力。按照前面對第五句的解釋，一般梵文用語中的「識」(vi-jnana)，是指通過分辨(vi)而獲得的「知識」或「智慧」(jnana)。這是最寬泛意義上的智慧，在涵義上既包括凡人的「識」，也包括聖人的「智」。

而狹義上的「智」，是指佛學中通常所指的「聖智」。從佛教的漢語詞義上的分別來說，明白一切事相就意味著「智」；瞭解一切事理則意味著「慧」。佛教經論中對「智慧」有各種各樣的分類，對「智慧」的涵義寬窄也有不同理解。這裡所說的「四智」，是指「佛果四智」，簡稱「果智」。在對下面一句的解釋中，還會出現幾種「證智」，即在轉識成智過程中的智慧，也可以說是方法上的智慧。

由於這一句提到「相」，亦即「相分」，因而其中隱含著唯識學的「四分說」。所謂「四分」，可以說是構成心識的四個分位，或者說，四個要素。它們分別是：

一、「相分」，即心識活動的對象，也可以說是「客體」，相當於唯識學中的「境」，或現代西方現象學意義上的「意向相關項」(noema)；它還被進一步分為影像相分、本質相分二種。

二、「見分」，心識活動，也可以說是「主體」，相當於唯識學中的「識」，或現象學意義上的「意向活動」(noesis)。

三、「自證分」，即心識活動對自己的自身意識到，相當於西方哲學中所討論的「自身意識」(self-consciousness, Selbstbewußtsein)。

四、「證自證分」，也就是對自證分的再證知，或者說，對自身意識的意識。後期的唯識學家如護法認為，所有八識都含有這四分。

此外，印度還有安慧的「一分說」(僅立自證分)；難陀的「二分說」(立見、相二分)；陳那的「三分說」(立見、相、自證三分)。

【注釋】

❶變相　基本的意思是「轉變成形相」。一般是指把佛教的教義、故事轉變為圖像、繪畫的做法。但在這裡，「相」是指「相分」，即「意向對象」。因此，「變相」是指「構造出對象」，即從心識活動(見分)

構造出心識的對象或相關項（相分）。

❷觀空　指觀審諸法皆空的道理，把握「空性」(sunyata)。「空」(sunya)是佛教、尤其是大乘佛教的基本思想和根本立場。佛教經論中所說的「空」，基本上可以分為人空和法空：「人空」是指自我的實體為空；「法空」是指「萬法皆空」，即一切存在事物自身的本性都為空。唯識學家也說「我法兩空」。

❸後得　與「根本」相對，主要是指證悟法性的智慧即「證智」中的兩種：「根本智」和「後得智」。它們都叫做「無分別智」。這裡所說的「無分別」，按《成唯識論》的說法，「緣真如故，是為無分別」。進一步說，「無分別」是指：智慧與真如成為一體，達到「智如不二」的境界；心識（見分）與心識的對象（相分）也成為一體，主客二分、物我二分的狀態也不復存在；與名義相應的偏計執相也被排斥出去，能證知的與所證知的渾然為一。概言之，這個一，是一種「觀空舍執」的狀態；它既是真如，也是法性，或者說：空性、虛空、空無。這也從一個角度說明了前面曾提到的「識」和「智」的區別：「識」是了別的智慧，「智」是無分別的智慧。而這裡的「後得」，是相對於「根本」而言，即在證得「根本智」之後所得的智慧。這兩種智慧的區別在於：境智無異，不起分別的，是「根本智」；也就是說，對現象（認識對象與認識活動）不加分別，而直接觀察到真理本身的智慧，叫做「根本智」。而區分一切差別、慧照分明的，是「後得智」；也就是說，對現象（認識對象與認識活動）進行區分，例如對諸識及其相關對象的區分，以此方式來進一步觀察真理的智慧，叫做「後得智」。《攝大乘論》卷二十二說，「根本智不緣境如閉目，後得智緣境如張目。」因此，印順說，「根本無分別智是離相的，後得無分別智是有相的，所以是帶相觀空的。」而根本智則可以說是離相觀空的。除此之外，按照經書上的說法，還可以列出第三種無分別智，即：「加行智」。這屬於最初階段上的「加行智」。「加行」，

是指加功用行，即針對正行的預備行，所以也可以不算作「證智」。

【語　釋】

第五識所轉的成所作智，能夠通過對心識活動構造心識對象之過程的認識和把握，觀察並領悟到空的真諦。但成所作智說一種後得智。即是說，只有在達到根本智之後，成所作智才能夠真正成為變相觀空的智慧。

10. 果❶中猶自❷不詮真❸

【章　旨】

這一句與前一句相連，同時將「因」、「果」問題納入到對前五識轉智的討論中，指明前五識或者是在原因的階段上轉智，或者是在結果的階段上轉智。但即使是在果位上轉智，也還不能完全地把握真如。

由於這裡的「因」和「果」與轉識成智相關，具體地說，將凡夫的第八識、第七識、第六識，及前五識分別轉變為佛果的四種智慧(catvari jnanani)：大圓鏡智、平等性智、妙觀察智、成所作智，因此，這裡所說的「因」、「果」，可以有兩層意思：其一是指成佛的「佛因」

和「佛果」。「佛因」是指佛果的原因，即一切善根功德。「佛果」是指成佛。其二，「因」、「果」在這裡是指前五識與第八識的聯帶相生的關係：在前面對第六句的解釋中已經提到，前五識的產生以第八識為「根本依緣」。在此意義上，第八識是前五識的「因」，前五識是第八識的「果」。

這一句的意思是說明，由於前五識只涉及「現量」（參見第一句「現量」的注釋），只包含與對現實的感知有關的知識，因此，它們所轉成的「成所作智」只能觀察到諸法的事相，還不能親證（或者說：圓具）最終的真如妙理。而且，前五識依據第八識才能生起，在第八識尚未轉成「大圓鏡智」之前，前五識的智慧還是不徹底的，還是有漏的。或者也可以說，「成所作智」還只是初步的智慧，還不是佛的智慧，即真正的「覺悟者」的智慧。

按照馮達庵的看法，這裡的境界與佛祖的經歷有關：佛祖在菩提樹下實修無上覺四十九天，因感得十方如來齊現空中，自以為已證究竟果位，諸如來卻同聲警告之云：「汝之所證處，是一道清淨，金剛喻三昧，及一切智智，尚未能證知，勿以為足！」

【注釋】

❶果（phala），原指草木的果實，轉而指由「因」所生出的結果。佛學中區分「因」（內在的原因）、「緣」（外在的原因）和「果」（結果）。佛教諸家學說中有不同的「果說」，如「五果」、「九果」等等理論。

這裡的「果中」，是指前五識處在結果的階段上，也就是說，前五識此時已經轉化為智慧。

❷猶自　仍然；還是。副詞。

❸詮真　指的是親緣真如、把握真理。「詮」在這裡意味著「親證」、「證得」，即理解正確。呂瀓曾說，「理解正確謂之證。」這個「理解」，不是對象化的、客體化的、命題化的理解，而是一種直接的領會。當代西方哲學家海德格所說的「存在理解」(Seinsvertändnis)，與佛教中的「親緣真如」、「親證如在」，在很大程度上可以彼此呼應。這裡還要說明一點：一再涉及的「真如」(bhuta-tathata)概念，其原意是指：本來的樣子。也被解釋為：真實不虛與如常不變。在英文、德文中可以翻譯為：So-Being、Sosein、或 as such、als solches，如此等等。它與西方本體論中的「本體」或「本質」有相近的涵義。

【語　釋】

前五識即使達到了佛果的位置，業已轉為成所作的智慧，也仍然無法親證真實的狀況本身，不能理解「真如」。

11. 圓明❶初發❷成無漏❸

【章　旨】

這一句仍然在說明轉識成智，並且涉及到轉識成智的一個條件。對「圓明」的解釋的不同，決定了對這個條件的理解的不同。如果把「圓明」解釋為「大圓鏡智」，那麼這句話的意思便是：只有在第八識轉為大圓鏡智的時候，前五識才會同時轉為無煩惱的「成所作智」。如果把「圓明」解釋為「究竟位」上的清淨圓明境界，那麼這句話的意思便是：只有通過修行達到了最終成佛的境界，所有的八識才會轉變為無煩惱的智慧。這兩種解釋在《八識規矩頌》的詮釋史上都曾出現過。這兩種解釋並不相悖。它們都在說明，前五識不能單獨成為無漏的成所作智，而必須依賴於生命總體的轉識成智。

【注釋】

❶圓明　這二字有多種解釋。一種解釋是：「圓明」是指「大圓鏡智」，它是第八識、即阿賴耶識轉化的結果。第八識所轉化的智慧「大圓鏡智」就是「圓明」。另一種解釋是：「圓明」是指「圓滿光明」。這種清淨圓明的境界只是在修行達到究竟位、亦即佛位時才能獲得。這是修行的最高階段。因為按照唯識學的修行理論，修唯識行，要經過五個階段，稱作「修行五位」，玄奘《成唯識論》卷九中也將其稱作「唯識五位」。更嚴格地說就是「唯識修行五位」。這「五位」分別是指菩薩修道的五等階位，它們分別為：一、「資糧位」，資糧是比喻在遠行之前的資財和糧食的準備，供途中所需之用，因此這個階位有準備階段的意思：為修行準備充分的智慧和福德。凡是認真地思考佛法道理，開始長期修行明道的人，都可以說是處在資糧位上了。二、「加行位」，與「四加行」（暖、頂、忍、世第一）有關。四加行的功能主要在於消業與培福，使行人有足夠的資糧可以安心進修，不遭障難。四加行位菩薩，由

於獲得福智資糧，可以有針對性行地刻苦修習，加功用行而入見道，住真如位，所以稱作「加行位」。三、「通達位」，也叫做「見道位」，顧名思義，是指初地菩薩體會到了真如，智照於理，得見中道，它是修行第一大劫的成熟階段，相當於修行「十地」中的初地之入心，所以稱作「通達位」。（關於「修行十地」階位，以及它們與「修行五位」的關係，可參見第二十一句「歡喜地」的注釋。）四、「修習位」，也叫做「修道位」，是指第二地至第十地菩薩，得見道已，為斷除障，複修習根本智，即於通達位證得真如理，再反覆修習之位，所以叫做「修習位」。五、「究竟位」，在這裡已經妙覺佛證此位，最極清淨，更無有上，故名究竟位。即指佛果之位，因為在這個階段上已經最終證得佛果。在小乘佛學中，這一位也被稱作「無學位」，表明在這階位上已經究竟真理，無法可學。由於在第四十七句中出現「大圓」的概念，特別用來標示「大圓鏡智」，因此，對這裡和第二十三句出現的「圓明」，都應當做第二種解釋。

❷ 初發　指開始的時候、出發點。

❸ 漏　(asrava)，也就是「煩惱」。由於煩惱會使心綿綿流散，會使生長的功德不能圓滿，所以稱作「漏」。唯識學家認為，凡夫的八識是有漏的，佛的四智是無漏的。「轉識成智」就是有漏的八識轉為無漏的四智。

【語　釋】

只有在達到了圓滿光明的境界的瞬間，有煩惱的心識才能轉化為真正無煩惱的智慧。

12. 三類分身❶息❷苦輪❸

【章旨】

這一句的內容緊接上一句。它涉及在達到圓明境界之後對眾生的教化和度化，即現三類身，止息眾生的苦輪。由於以上四句均涉及「轉識成智」的修行，因此可以將這一句看作是對前五識之「果用」的闡釋，即在前五識轉為「成所作智」、修成佛果後於教化、度化眾生方面的運用。

【注釋】

❶分身 (atmabhava-nirmita)，即「分身化現」或「分身攝化」；意思是說：諸佛、菩薩由於慈悲，採用種種方便法門，現成佛之相，化身到各處去教化眾生，引導眾生擺脫生死之苦，使得眾生能夠超凡入聖。「分身」計有三類。自明末普泰起，這三類分身大都被解釋為：一、「大化身」（或「法身」），對大乘的四加行菩薩顯示為千丈盧舍那身。二、「小化身」（或「報身」），對大乘的資糧位菩薩、二乘人、凡夫顯示為丈六小化身。三、「隨類身」（或「應身」），對六道（地獄道、餓鬼道、畜生道、修羅道、人間道、天人道）四生（胎、卵、濕、化）的世界以及對三乘（聲聞乘、緣覺乘、菩薩乘）的世界顯示為各種隨機的化身。太虛也將這三類化身等同於「勝應身」、「劣應身」、「隨類應化身」。勝應身「有

大威德，相好莊嚴」；劣應身「如丈六金身的釋迦牟尼佛」，隨類應化身「如人見佛為人類。鬼見佛為鬼類」。

❷息　指平息；化解；中止。

❸苦輪　佛教經論中比喻的說法。由於生死的苦果流轉不息如輪，不斷往返重複，所以稱為「苦輪」。而這個生死輪轉的永無止盡的過程在佛教也被稱作「輪回」(samsara)。這種關於「輪回」的思想，在西方古代哲學家畢達哥拉斯那裡曾出現過，而且由他領導的畢達哥拉斯社團曾把這個思想與他們的生活方式內在地結合在一起。現代西方的哲學家尼采(F. Nietzsche)以後也把輪回的思想作為他的哲學的一個重要組成部分。

【語　釋】

一旦轉識成智，達到佛果，便可以各種化身出現，隨機化度眾生，使其永遠結束生死的苦輪，這些化身可以分為三類：「大化身」、「小化身」和「隨類身」。

第六識頌（十三——二十四句）

13. 三性❶三量❷通三境❸

【章旨】

從這裡開始，下面十二句討論的課題從前五識轉向第六識：意識。因此這後面的三組頌可以稱作「意識頌」或「六識頌」。接下來的四句為「意識頌」的第一頌。

作為第六識的「意識」，在佛教經論中有專門的涵義。它不是現代人泛稱的「意識」，而是特指心識的認識作用。這個「意—識」概念，就其在感知（或者說：五俱意識）中的作用而言，基本上相當於我們在現代西方哲學中——例如在康德和胡塞爾的哲學中——可以讀到的「統覺」(Apperzeption)概念。但是，第六識的概念比感知更大，它還包含例如想像(imagination)的認識作用，包括所有再造(reproduction)、再現(representation)等等，甚至包括本質直觀、哲學沉思、夢中意識等等。

這一句幾乎是對第一句「性境現量通三性」的內容的重複。區別僅僅在於，第一句所指稱的是前五識，這一句所指稱的是第六識。即是說，這一句特別指明：意識（第六識）是與三種知識的類型相通的。更具體地說，唯識學家對「意識」有各種劃分方法，但基本一致，這裡選擇四分，一類是與前五識同時產生的意識，另外三類則相反：

一、「五俱意識」，是指伴隨前五識中的任何一識一同生起的意識。它的對象與前五識提供的材料一致，具有同一的實在性。例如，將一定的感覺材料（顏色、長度、硬度等等）統攝為一張桌子；將一段人聲發音理解為法語的(French)對話，如此等等。據此「五俱意識」屬於「現量」。我們也可以說，五俱意識就是當下意識，就是可以提供現實性知識的感知。

二、「不俱意識」，是指不與前五識中的任何一識一同生起的意識。它本身又可更具體地分為三類：

(一)「獨散意識」，指不伴隨前五識、而是獨自出現的意識。我們可以說，除了感知之外，所有的直觀活動都可以被稱作「獨散意識」。「獨散意識」屬於「比量」而不屬於「現量」。因此，「獨散意識」需要以通過前五識獲得的知識為前提，例如回憶、想像、聯想、語言表述、符號思維、推理、運算等等。

(二)「定中意識」，也是一種獨自出現的意識，所以也稱「定中獨頭意識」。但它具有堅固的定力，能夠不以前五識活動及其對象和知識為前提，而是直接從第六識生起，直接進行真實的思考。佛教經論中所說的禪定、哲學中的沉思等等，都可以說是屬於定中意識的形式。隨定力的深淺不同，它們的思考結果可以是「現量」，也可以是「似現量」。

（三）「夢中意識」，也是一種獨自出現的意識，但沒有定力，缺乏條理。隨夢中意識的清晰度、思考力度等等的不同，它可以是「非量」，也可以是「比量」。

據此，意識所分四類：五俱、獨散、定中、夢中，都與三量相通，並作相應劃分。

【注釋】

❶三性　指三種本性或三種自性：「善性」、「惡性」和「無記性（中性）」（參見第一句「三性」的注釋）。

❷三量　指知識的三種能力：「現量」、「比量」和「非量」（參見第一句「現量」的注釋）。這裡需要補充說明的是：印度各宗的佛教學者——也包括唯識學者——對「量」這個概念的理解和用法並不一致，因此，「三量」也具有各種相應的涵義。一般說來，「量」是指「認知」（動詞）或「知識」（名詞）。量知的活動或能力或主體，稱為「能量」或「量者」(pramatr)；被量知的事物，稱為「所量」(prameya)；量知的結果，稱為「量知」(pramiti)或「量果」。這是另一種意義上的「三量」。它與唯識學中的三分說（或四分說）基本一致：三分中的「相分」相當於「所量」，「見分」相當於「能量」，「自證分」相當於「量果」。（「證自證分」屬於邏輯上的補充，另當別論。這裡擱置不提。）而「能量」本身，亦即認知活動本身，還可以分為三類。這應當就是這句中所提到的「三量」：它們應當是指「現量」、「比量」和「非量」。除此之外，唯識學傳統中還有另一種「三量」的劃分，即無著在《瑜伽師地論》卷十五與《顯揚聖教論》卷十一所做的「三量」區分。這個區分在「現量」和「比量」上沒有變化，只是在「聖教量」上不同於前一種，因為前者是把第三量稱作「非量」的。「聖教量」是指由佛教的聖書或

聖人之教導所得來的正確的知識。玄奘在《成唯識論》中也論及這個劃分。窺基在《成唯識論述記》中多次提到的「三量」便是這個意義上的「三量」。但無著的這個「三量」劃分後來曾遭到陳那的否定，他在《集量論》中主張，「聖教量」必定可以化入到「現量」和「比量」中去，無須另立，因此不成為第三量。剛曉法師在《漢傳因明二論》中對此解釋說，「不是陳那論師不承認佛陀的經典是真理，而是陳那論師認為，佛陀所教導的經典是必然符合現量與比量的，如果有雖是佛陀所教導但不符合現量與比量，那這部經肯定不是佛陀所說的。陳那論師說，即使你是佛陀所教導的，必須憑現量、比量可以證實，同時任何人都可以通過現量、比量去證明這件事的真偽。所以，理智最重要，要在理解之後再去建立信仰，如果一個信仰可以被確實證偽，那麼這種學說就不是真理。」按照這種理解，事實上最終只存在「兩量」，即「現量」和「比量」。而「似現量」和「似比量」作為「非量」，歸根結底不是「量」，不是知識。（對此可參見第一句「現量」的注釋以及「導讀」的相關說明。）

❸三境　指「性境」、「獨影境」和「帶質境」。「境」在唯識學中也被稱作「對境」，相當於今天所說的「對象」或「客體」（參見第一句「性境」的注釋）。

【語　釋】

就第六識而言，它與善、惡、無記這三種存在的本性，與現量、比量、非量這三種知識的能力，以及與性境、獨影境、帶質境這三種意向的相關項，都是息息相通的。

14. 三界❶輪時❷易可知❸

【章　旨】

這一句涉及佛教經論中的「果報」理論，說明「意識」在因果報應的無盡輪回中所起的作用。所謂「果報」，在佛教經論中有特別的涵義：由於過去的業因造成現在的結果，叫做「果」，又因為這果是過去的業因所召感的酬報，所以又叫做「報」。「意識」在果報的方面所負責任最大。可以說它是果報的牽引者。因為它與三界相通。而前五識只是增強意識的造業作用，並不通於三界。具體地說，意識決定著行善、作惡，從而使固有的三種本性得以成熟和顯露，因果報應最終會落腳於三界。如果意識執著於各種欲望，日後就會輪轉回到欲界；如果意識在審思、靜慮、禪定上努力，日後就會輪轉回到色界；如果意識看到了萬物皆空，日後就會輪轉回到無色界。這種三界輪回，是以意識的作業方向和作業力量而定的。

【注　釋】

❶界 (dhatu)，它在佛教經論中有多重涵義，在這裡主要是指「領域」、「境界」或「界限」。「三界」是指眾生所居住的世界、凡夫生死的世界，也稱「苦界」、「苦海」。它們分別是指：一、「欲界」(kama-dhatu)，「欲」意味著「淫欲」、「情欲」、「色欲」、「食欲」等等欲望和欲求，它與最底層的物質世界直

接聯繫。二、「色界」(rupa-dhatu)，「色」意味著「示現」、「現象」或「顯現」。此界在欲界之上，但仍含有色質。三、「無色界」(arupya-dhatu)，在這裡已經不含有色質和物質，而只是一個純然的精神世界。此界又在色界之上。在佛經中，「三界」還被進一步劃分為「九地」和「二十八天」。「九地」是：一為「五趣雜居地」，二為「離生喜樂地」，三為「定生喜樂地」，四為「離喜妙樂地」，五為「舍念清淨地」，六為「空無邊處地」，七為「識無邊處地」，八為「無所有處地」，九為「非想非非想處地」。在這「九地」中，一地為「欲界」，接下來的四地為「色界」，再後的四地為「無色界」。「二十八天」是：「欲界」六天：四天王天、忉利天、夜摩天、兜率天、化樂天、他化自在天；「色界」十八天：梵眾天、梵輔天、大梵天、少光天、無量光天、光音天、少淨天、無量淨天、遍淨天、無雲天、福生天、廣果天、無想天、無煩天、無熱天、善見天、善現天、色究竟天；「無色界」四天：空無邊處、識無邊處、無所有處、非想非非想處。整個區域的劃分也被稱作「三界」、「九地」、「二十八天」。

❷輪時　輪(samsara)，也稱為「輪轉」、「輪回」。「輪時」，是指輪轉的時候。更確切地說，是指眾生由惑業之因（貪、嗔、癡三毒）而招感三界、六道之生死輪轉，恰如車輪之回轉，永無止盡。

❸易可知　指「容易知曉」。之所以容易知曉，一方面是因為可以根據原因而得出結果。另一方面，這裡的「易」，乃是相對於第七識和第八識而言：這後兩種心識雖然也通三界，但由於活動細微，不易被知曉。

【語　釋】

根據眾生第六識以往的作業情況，即根據它的所思、所想、所作、所為，可以很容易得知，眾生在輪回時究竟會落到欲、色、無色這三界中的哪一界。

15. 相應❶心所❷五十一

【章　旨】

由於「八識」也被稱作「心王」，即精神作用、意向活動本身，而「心所」則是指隨精神作用一起產生的心理現象，因此可以說，這一句討論的是「心王」與「心所」的關係，主要是第六識與隨它一起產生的各種心理現象的關係。這一句特別說明了，意識的一個基本特點就在於它具有所有五十一心所。也就是說，所有五十一種心理現象，都可以伴隨意識的活動而產生。這個法則對於其他的七識來說並不成立。

【注　釋】

❶相應　是指「契合」的意思。在這裡至少可以有四種意義，或者說，有四種解釋：一、「同時」，即意識的活動與伴隨的心理現象是同時發生的。二、「同根」，即意識的活動與伴隨的心理現象所依據的是同一個器官組織。三、「同緣」，即意識的活動與伴隨的心理現象所涉及的是同一個對象。四、「同行」，

「行」在這裡是指「行相」，即行事的相狀。「同行」因此是指：意識的活動與伴隨的心理現象所具有的是同一個性能、同一種認識作用。

❷心所（caitta），也叫「心所法」，是指伴隨心識而產生的各種心理現象的類型。唯識學家共列出五十一位心所，再分為六組，即所謂「六位心所」。它們分別是：一、「遍行」，有五種：觸、作意、受、想、思。二、「別境」，有五種：欲、勝解、念、定、慧。三、「善」，有十一種：信、慚、愧、無貪、無瞋、無癡、勤、輕安、不放逸、行舍、不害。四、「煩惱」，有六種：貪、嗔、癡、慢、疑、惡見。五、「隨煩惱」，有二十種：忿、恨、惱、覆、誑、諂、憍、害、嫉、慳、無慚、無愧、不信、懈怠、放逸、惛沉、掉舉、失念、不正知、散亂。六、「不定」，有四種：睡眠、惡作、尋、伺。

【語　釋】

在第六識進行的過程中，可以有五十一種心理現象以四種相應的方式伴隨它一起產生，或同時、或同根、或同緣、或同行。

16. 善惡❶臨時別配❷之

【章　旨】

這一句緊接上一句，涉及情與理的關係，也涉及到心所與境的關係。它說明第六識在遭遇善境時會有善的心所與之相應合，在遭遇惡境時會有惡的心所與之相應合。善惡分明、正邪兩立，彼此並不相互混淆。

【注釋】

❶善惡　指三性中的「善性」和「惡性」。在這裡關係到與「善惡」相關的各個心所，即各個「心理狀態」。這裡的「善惡」，並不是通常倫理學意義上的「善惡」。佛教經論中的「善惡」，多用來指稱順益於理或違損於理的狀態。因此，對「理」的理解，決定了「善惡」。在這裡可以把「理」理解為人心的自性。印順在《唯識學探源》中曾概括地論述過佛教（主要是部派佛教）對心的自性的三種主要理解：首先是「心通三性說」。這在前面第一句「性境現量通三性」中已經得到表達。在《八識規矩頌》中得到貫徹的是這個主張。心中的任何意念和身體、言語的行為，都可以做善、惡、無記的三分，毫無例外。其次是「心性無記說」。人心的自性，在於了知的作用，也就是以心王為主，因此心性是無記的。之所以有善和惡之分，是因為心所的合作。具體地說，心王的活動，如果只與受、想等心所同起，便是無記；如果與善惡心所同起，便產生出善惡之分別。最後還有「心性本淨說」。人心的自性原來（即在出世時）時不被煩惱所束縛的，是與煩惱不同類的，因此也是完「善」的。但隨第七識末那識的形成，自我開始形成，自性也就受到污染，不再清淨、不再完「善」。煩惱得以生成。所謂「惡」，就是指與煩惱相關的種種心理狀態。

❷臨時別配　這裡是指意識的起念、產生並不固定，是隨各種不同對象的出現而臨時地、對應地、分別

地產生的。對象不同，當然也就產生不同的意識，以及與之相伴隨的不同心理現象（心所）。

【語　釋】

隨第六識所關涉的各種對象境況的不同，善和惡的心理現象會臨時、相應地伴隨第六識而產生。

17. 性界受❶三恒轉易❷

【章　旨】

以下四句是「意識頌」的第二頌，是對心所、業力的進一步說明。這一句特別用來說明與第六識相關的性、界、受的特點：由於意識不斷地活動變化，因此與之相關聯的三性、三界、三受始終不斷地變遷不已、更易不止。這與上一句所說的「善惡臨時別配之」是相應和的。

【注　釋】

❶性界受　分別是指「三性」，即善性、惡性、無記性（參見第一句「三性」的注釋）、「三界」，即欲界、

色界、無色界（參見第十四句「界」的注釋）和「三受」（苦受、樂受、不苦不樂受）。「受」(vedana)，是指人類的感官與外界接觸時所產生的感受。「受」有領納、接受之意，相當於現代西方意識現象學中的「被動綜合」之說。它既含有「感覺」(sensation)的意思，也含有「感受」(feeling)的意思。《成唯識論》卷三中說，「受，謂領納順、違、俱非境相為性，起愛為業，能起合、離、非二欲故。」在前面第十五句中曾提到，大乘唯識學區分五十一心所，其中包括五種遍行心所，即：觸、作意、受、想、思。「受」是五十一心所中的五「遍行」之一。它本身可以再分為三類：「苦受」、「樂受」、「舍受」（或者稱作「不苦不樂受」）。此外，「受」也是大小乘佛教經論中都論及的「五蘊」之一。這裡的「蘊」，是積集的意思。所謂「五蘊」，即五種聚合體，分別是指：一、「色蘊」，一切色法的類聚。二、「受蘊」，苦、樂、舍、眼觸等各種感受的類聚。三、「想蘊」，眼觸等所生的各種思想的類聚。四、「行蘊」，色、受、想、識之外一切有為法的類聚，亦即意志與心之作用的類聚。五、「識蘊」，眼識等諸識的各種類聚。這裡的第二蘊「受」也可以分為三種：「苦受」、「樂受」、「舍受」（或者稱作「不苦不樂受」）。這三種「受」，可以看作是與第五識相關聯的「受」。但在涉及第六識時，還有兩種不依賴前五識的「受」的類型出現：「憂受」和「喜受」。這樣就可以區分出五種「受」。一、「憂受」，即憂的感受。二、「喜受」，即喜的感受。三、「苦受」，即苦的感受。四、「樂受」，即樂的感受。五、「舍受」，即身處不違不順之境，因此既無苦的感受，也無樂的感受，既無憂的感受，也無喜的感受，所以稱作「舍受」。因此，「性界受三」不是指性、界、受每種都有三類，而是指「性」、「界」、「受」三者。

❷恒轉易　指恒常不斷地轉化和變易。這裡不僅是指第六識不斷地活動變化，而且也可以是指它所造的業因會導致各種不同的果報。

【語釋】

隨著第六識的活動變更，它所具有的本性（善性、惡性、無記性）在不斷地轉化變易；它所駐足的界地（欲界、色界、無色界）在不斷地轉化變易，並且它所具有的感受（苦受、樂受、憂受、喜受、舍受），也在不斷地轉化變易。

18. 根（ㄍㄣ）❶隨（ㄙㄨㄟˊ）❷信（ㄒㄧㄣˋ）❸等（ㄉㄥˇ）總（ㄗㄨㄥˇ）相（ㄒㄧㄤ）連（ㄌㄧㄢˊ）

【章旨】

此句緊接上句，說明在意識中，雖然各種性、界、受都處在不斷的變化之中，但任何時候都始終會有各種相應的心所與它們相連接。

【注釋】

❶根　指五十一心所中以「貪」為首的六種「根本煩惱」：貪、嗔、癡、慢、疑、惡見。

❷隨　指五十一心所中以「忿」為首的二十一種「隨煩惱」：忿、恨、覆、惱、嫉、慳、誑、諂、害、憍、無慚、無愧、掉舉、惛沉、不信、懈怠、放逸、失念、散亂、不正知等。

❸信　指五十一心所中以「信」為首的十一種「善」：信、慚、愧、無貪、無嗔、無癡、勤、輕安、不放逸、行舍、不害等十一。

【語　釋】

在第六識中，各類本性、各類境界和各類感受總是與煩惱、隨煩惱、善等等各類心理現象相關聯，為它們所伴隨。

19. 動身❶發語❷獨為最❸

【章　旨】

這一句突出意識的地位，指出與八識中的其他各識相比，第六識在發動身業和語業的力量方面是獨一無二最強的，功用是最烈的。

在這裡同時得到彰顯的還有佛教學說中意識（意業）、語言（語業）和身體（身業）的關係問題。但與自笛卡爾(R. Descartes)以降的近代西方哲學所討論的身心關係不同，在唯識學中所論述的意識、語言、身體關係更多是指在意識活動與話語行為和肢體行為之間的關係，類似於現代西方哲學中的知行關係，或心理主義與行為主義的關係問題。

【注　釋】

❶動身　指牽動身體。由此已經開始涉及到佛教中的「造業」問題，在這裡具體地是指身業問題。一般說來，身業有三種：善身業（不殺生、不偷盜、不邪淫）、惡身業（殺生、偷盜、邪淫）、無記身業。在對下一句（第二十句）的解釋中還會論及「造業」的概念。

❷發語　指發出語言。這裡具體涉及語業問題。一般說來，語業也可分為三種：善語業（不妄語、不兩舌、不惡口、不綺語）、惡語業（妄語、兩舌、惡口、綺語）、無記語業。佛教經論中所說的「十善十惡」，身業各占三種，語業各占四種；餘下三種為意業，也分善意業（不貪欲、不嗔恚、不邪見）、惡意業（貪欲、嗔恚、邪見）、無記意業。

❸獨為最　即惟一、至高的頂端。在原文中並沒有說明，第六識為何具有這種最為強烈的功能。但自普泰以來的詮釋中，後人的共同理解是因為意識具有三種思的能力：一、「審慮思」，對於對象的內容進行審察考慮的能力。二、「決定思」，審慮過後做出抉擇的能力。三、「動發思」，做出決定後運動身體實施計劃、發出語言表達意見的能力。這裡表明一個原則上的奠基順序。也就是說，意識活動（思量－了別）可以在沒有語言行為和身體行為的情況下進行，但語言行為和身體行為卻不能在沒有意識活動的情況下進行。

【語　釋】

就身體運動、語言表達方面而言，惟有意識的作用和功能在八識中是最為強烈的。

20. 引滿❶能招業力❷牽

【章旨】

通過「引業」和「滿業」這對概念的提出，這一句旨在示明佛教經論中的因果報應思想。

【注釋】

❶引滿　指「引業」和「滿業」。「引」是牽引、引生的意思，所以也叫牽引業。「滿」是圓滿、究竟的意思，所以也叫圓滿業。「業」(karman)，是指行為、所作、行動、作用、意志等身心活動，它同時也包含這些活動所導致的結果。佛教經論中也將此解釋為「造作」。這裡也可以用現代現象學的術語、即一個德文動名詞來概括它，即：Leistung。它既可以被譯作動詞的「功能」，也可以被譯作名詞的「成就」，因為Leistung一詞在德文中便包含「功能」和「成就」這兩種涵義。佛教的經論主張，凡人的一生中進行著無數的思想、行為，它們都屬於各種「業」，如善業、惡業、邪業、正業等等。而其中最為重要的就是「引業」，與之相對的是「滿業」。「引業」和「滿業」的區別可以通過「業報」或者說「業果」來說明，即是說，通過它們所導致的因果報應來說明：「引業」能夠將眾生分等，招感未來世生於鬼、畜、人、天等諸趣之果報。也就是說，能夠導致我們生而為人的業，便是「引業」。它是能夠引出「總

報」（即總體回報）的業。相對於此，所有其他諸業，能夠決定六根具足與否、身體的強弱、壽命的長短，以及其他貧富貴賤等各各差別之果報，則稱為滿業。即是說，能夠導致我們為男為女、為貧為富、為美為醜、為全為殘的業，便是「滿業」。它是只能導致「別報」（即個別回報）的業，但卻是可以是眾生得以完滿的業，所以稱作「滿業」。世親在其《俱舍論》說：「一業一引生，多業能圓滿。」

❷業力　指業的力量。例如善業有生樂果的力量，惡業有生惡果的力量。

【語　釋】

意識的活動，可以造成引業和滿業，而此二業的力量，會以總報和別報的方式，把眾生引領到對他們來說恰當的居處。

21. 發起❶初心❷歡喜地❸

【章　旨】

這裡開始「意識頌」的第三頌，也是對第六識的最後一頌。這一頌說明第六識在轉識成智過程中所起的作用，同時說明這個過程的基本特徵。這裡的第一句主要是點出這個過程的出發點。

【注釋】

❶發起　指最初的發生，這裡特指意識的最初發生。通常也有「一念發起」的說法。

❷初心　(nava-yana-samprasthita)，指初地入心，也被稱作「初發意」、「初發心」、「新發意」、「新發心」。它在這裡意味著：剛剛懷有轉識成智之意、尚未得以深行之心。之所以說「初地入心」，是因為這裡涉及下面要解釋的「修行十地」的第一地：「歡喜地」，故而稱作「初地」；而「入心」則是指，「十地」由初地到十地，每地都再按順序分為「入心」、「住心」、「出心」三心；這裡涉及的是初地的入心，所以稱作「初地入心」。它是「十地」的開端之開端。而修行到「十地」的出心時，便達及「十地」的終結之終結，稱作「十地出心」，又稱「十地滿心」。

❸歡喜地　(pramudita-bhumi)，也簡稱為「初地」，因為它是「十地」之初地。「地」(bhumi)，有住處、住持、生成的意思。佛教諸派對它的理解和稱呼不盡相同。佛教中聲聞乘、緣覺乘、菩薩乘各有不同的十地之說。這裡所說的「十地」，是指大乘菩薩道的十個修行階位，即是說，進行菩薩修行需要親證的十個階位。它們一方面與修法有關，一方面與斷障有關。這十種階位也叫「十住」。玄奘《成唯識論》卷九中說，「此十地依次修習施、戒、忍、精進、靜慮、般若、方便善巧、願、力、智」。更具體地說，這裡以「歡喜地」為始的菩薩乘「十地」分別為：一、「歡喜地」，修佈施，斷異生性障。二、「離垢地」，修持戒，斷邪行障。三、「發光地」，修忍辱，斷暗鈍障。四、「焰慧地」，修精進，斷微細煩惱現行障。五、「難勝地」，修靜慮，斷於下乘般涅槃障。六、「現前地」，修般若，斷粗相現行障。七、「遠行地」，修方便善巧，斷細相現行障。八、「不動地」，修願，斷無相中作加行障。九、「善慧地」，修力，斷利

他中不欲行障。十、「法雲地」，修智，斷於諸法中未得自在障。一切佛法，都依這個順序得到印證，由淺到深。一切障礙，也都按這個順序得以斷滅，由粗至細。因此，修行的過程，亦即證法斷障的過程，開始於「歡喜地」，終結於「法雲地」。在這個的過程和階段的劃分中，「歡喜地」雖然只是十地之中的第一地，只意味著菩薩修道之原初開端；但這個位置在修行菩薩的過程中極為重要，它被看作是超凡入聖的關鍵。由於在對第十一句的解釋和說明中論及唯識學的「修行五位」，因此，「修行十地」與「修行五位」的關係還需要在此略加說明：這兩種修行階位的命名和排列，在玄奘的《成唯識論》卷九、卷十中都曾出現。玄奘在這裡主要論述唯識學的修行理論，首先是在卷九中闡釋「唯識修行五位」中的前四位：第一資糧位、第二加行位、第三通達位和第四修習位。直至論及第四修習位時，「十地」的階位才進入討論範圍。「十地」在這裡被看作是菩薩修行的十個階段。在這些階段上的主要任務就是證得二種轉依、斷除俱生二障（「煩惱障」和「所知障」，參見第二十二句的章旨說明），達到無分別智（參見第九句「後得」的注釋）。這種轉智斷障的過程是在十個階位上逐步發生的，具體還包括：「修十勝行，斷十重障，證十真如。二種轉依。由斯證得。」在這個過程完成之後，修行便進入第五究竟位。由此可見，在玄奘的學說中，「修行十地」是唯識學「修行五位」中的一個組成部分，即包含在第四修習位中的一個分段過程。這個過程主要用來斷除俱生的二障。後面第二十二句也在很大程度上印證了這一點。但是，對「修行十地」與「修行五位」的關係還有其他的解釋，即便在唯識學內部也不統一，這主要是因為佛教各宗各派對「修行五位」和「修行十地」的解釋不能一致。

【語釋】

第六識轉識成智的過程，起始於帶著最初的心意進入最初的修道階位——歡喜地。

22. 俱生❶猶自現纏眠❷

【章旨】

這一句說明，在修行過程中，與後天獲得的迷惑和煩惱相比，與生俱來的迷惑和煩惱尤其難以斷除乾淨。

這裡需要指出一點：與「去障」或「斷障」相似的概念，在古希臘哲學的存在論以及現代西方哲學的存在論中都曾出現過，如巴門尼德(Parmenides)和海德格都曾提到過的「無蔽」(aletheia)或「解蔽」(Entbergung)意義上的「真理」概念。雖然在術語上有所不同，但在基本取向上，西方哲學中的「去蔽求是」和佛教哲學中的「斷障見性」是基本一致的。

在佛教經論中，「障」(avarana)，是指障礙，即對聖道的遮蔽，對解脫和覺悟的妨礙。大乘唯識宗主張，最主要的障礙是兩種：「煩惱障」與「所知障」。煩惱障之所以形成，是因為眾生以我執為根本，從而生出各種煩惱，故而使眾生無法現證涅槃，超越生死；所知障是因為眾生以法執為根本，從而生出各種迷惑，故而使眾生無法認清菩提，悟得智慧。

【注釋】

❶俱生　「俱生起」的簡稱，指先天的(a priori)、與生俱來的、隨生命出現而出現的。這裡意味著「俱生惑」，即與生俱來的迷惑和煩惱。它包括俱生之我執，俱生之法執，俱生之煩惱障，俱生之所知障等等。與「俱生起」相對的是「分別起」，後者是指後天(a posteriori)獲得的迷惑和煩惱。「分別起」的特點是雖然性質強烈，但相對容易斷除。「俱生起」的特點則是儘管性質微細，但卻極難斷滅。

❷現纏眠　指當下還在纏繞、宿眠於第六識之中。如前所述，一切佛法，都依「修行十地」的順序發生，由淺到深。一切障礙，也都按這個順序斷滅，由粗至細。因此，修行位開始於「歡喜地」，終結於「法雲地」。在開始階位上，俱生的二障仍然在起作用。只有在達到十地的滿心時，俱生的二障才能得以根除。

【語釋】

但在第六識的這個最初修道階位上，雖然那些後天習得的謬誤與煩惱已經被破除，與生俱來的謬誤與煩惱卻仍然還在當下地起作用。

23. **遠行地❶後純無漏❷**

【章　旨】

這一句具體指明轉識成智過程中的一個步驟：在達到第七地之後，俱生的煩惱也全部斷除，修行者進入自如的狀態，無須強制，這便是純無漏。至此，第一位轉智得以完成：第六識轉為妙觀察智。

【注　釋】

❶遠行地　(duramgama-bhumi)，也譯作「深行地」、「深入地」、「深遠地」。「遠行」的意思是遠離三界。「遠行地」是「十地」之一（參見第二十一句「歡喜地」的注釋），排列第七：歡喜地、離垢地、發光地、焰慧地、難勝地、現前地、遠行地、不動地、善慧地、法雲地。

❷無漏　指無煩惱（參見第十一句「漏」的注釋）。

【語　釋】

只有在經過了十地的前六地，達到第七地之後，第六識才能達到完全清淨純真、沒有煩惱的境界，轉為妙觀察智。

24. 觀察❶圓明❷照大千❸

【章　旨】

前一句和這一句的涵義可以與第十一句的涵義相互比照。如前所述，轉識成智的最終結果在於：將凡夫有漏的八識成為佛的四智，即轉第八識為大圓鏡智，轉第七識為平等性智，轉第六識為妙觀察智，轉前五識為成所作智。第十一句所論的「無漏」與前五識的轉智相關。而前一句的「無漏」與第六識的轉智相關，即在達到十地的前七地之後，有漏的意識已經成為無漏的妙觀察智。但在這一句和第十一句中的「圓明」都是指同一個：「究竟位」上的清淨圓明境界。因此，在這裡對第六識的轉智描述，以及在第十句和第十一句中前五識的轉智描述，都是對四智中任一單獨的、也是階段性的智慧的限定，同時又是對唯一最終佛果的強調：只有通過修行達到了最終成佛的境界，所有的八識才會轉變為無煩惱的智慧。

【注　釋】

❶觀察　「妙觀察智」的簡稱，它是第六識轉變的結果。

❷圓明　指圓明的境界（參見第十一句「圓明」的注釋）。

❸大千　是「大千世界」(mahasahasra-lokadhatu)的簡稱。源自古代印度人的宇宙觀。古代印度人以四大

洲及日月諸天為一小世界，合一千小世界為小千世界；合一千小千世界為中千世界；合一千中千世界為大千世界。因此也有「三千大千世界」的說法。

【語　釋】

只有在達到圓明的境界之後，妙觀察智才能真正做到普照大千世界。

第七識頌（二十五——三十六句）

25\. 帶質❶有覆❷通情本❸

【章旨】

這裡開始的四句是「七識頌」的第一頌。第七識也被稱作「末那識」。「末那」是對梵文manas的音譯，原意為「意」，即「思量」。在梵文中，它與第六識的「意識」是同一個詞。為了將第六識和第七識區別開來，前人翻譯第六識時採取manas的意譯，翻譯第七識時採取manas的音譯。

雖然第七識與第六識的意思都是「思量—了別」，但彼此之間存在著根本的區別：

其一，第六識、甚至可以說全部前六識，都是以外境為對象，易言之，都是指向外部客體的：前五識可以說是「感覺」(sensation)，第六識可以說是「外感知」(external perception)。第七識與前五識不同，它是「內感知」(internal perception)，以內在「自我」為其「對象」。

其二，第六識的思量時斷時續，第七識則綿綿不斷，即：恒常在審察，恒常在思量。而且這種審察思量是以自我為對象，並且有四個根本煩惱（我癡、我見、我愛、我慢）跟著它，所以我執的成見很深，即是說，對自我的執著很深。佛教的經論認為，許多煩惱便是因為這末那識的執著而生起的。

其三，第六識的成立須以前五識（包括相關的五根五境）為前提，第七識則須以第八識為前提。

從西方哲學的角度來看，第七識的思量與笛卡爾「我思故我在」所得出的結論相關：它是一種對自我的反思性的思量，即相當於笛卡爾對「我在」(sum)的思考。而第六識則基本上是一種笛卡爾意義上的「我思」(cogito)，即始終伴有「我」的思考。

這裡的第一句討論第七識的相關對象。

【注釋】

❶帶質　指「三境」之一的「帶質境」。其餘的兩境為「性境」和「獨影境」，亦即「實境」和「虛境」，用今天的概念來表述就是：實在的對象和虛幻的對象（參見第一句「性境」的注釋）。「帶質境」是間於實境和虛境兩者之間（也可以將它稱作「實虛境」），它是在一定程度上依仗實境、但同時借助內心的作用而產生的境界。第七識的對象是帶質境，因為它的對象是自我，自我是由實在的身體和虛幻的心識這兩個部分組成的。

❷有覆　指「有覆無記」(nivrtayakrta)。「有覆無記」是「三性」之一的「無記」的一種。所謂「三性」，

就是「善性」、「惡性」和「無記性」(或「中性」)。「無記」(avyakrta)共分兩種:「有覆無記」和「無覆無記」。它們都是非善非惡,但「有覆」是指「有染污」。第七識便是有覆無記,因為它與貪、癡、見、慢四種煩惱相應而起。第八識則是「無覆無記」,即是說,第八識是「無染污的」無記。

❸通情本　意味著既通「情」,也通「本」,即是說,迷情和本質兼通。「情」,在這裡是指「迷情」,即迷惑之心,也可稱作「迷心」。常人、凡夫不知萬有的實相,而執著於客觀的事物,因此妄念不絕,所以常人、凡夫之心被稱作迷情。第七識的對象是自我,當然也就與「迷惑之心」相通。「本」,在這裡是指「本質」。它與「影像」相對應,是影像背後的依託,是實相。由於第七識的對象是自我主體,自我主體也有「影像」和「實相」之分:它的「影像」可以稱之為「情」,它的實相則被稱作「本」。

【語　釋】

就第七識而言,它的對象既含有實相,也含有虛相,它的本性是有染污的無記性,這些對象和本性是與自我主體的迷情和本質相聯通的。

26. 隨緣❶執我❷量為非❸

【章　旨】

這一句討論第七識的相關對象的特有性質。雖然第七識是心識活動之一,並且具有自己的意向對象：執著的自我。但通過第七識所獲得的知識仍然不是真知識，因為第七識不能感知自我的總體，無法瞭解自我的真相，因此不是現量；第七識也不能推斷出自我，所以也不是比量。

現代西方哲學也是在這個意義上反對自笛卡爾以來的「主體形上學」或「自我形上學」趨向。自近代以來一再得到弘揚的個體自我的存在和權利，在兩次世界大戰之後的人類反省中越來越被看作是虛妄的、人為的誇張。

【注　釋】

❶隨緣　指「隨其所緣」，即依照它所指向的對象。呂澂在論述陳那的《觀境論》（即《觀所緣緣論》）時曾指出，「陳那說的『所緣』就是『境』，此境不是在心外。陳那認為，能夠稱得上『所緣』的應具備兩個條件：一、『有實體，令能緣識，托彼而生。』」「二、『能緣識，帶彼相起。』」這個意義上的「緣」(pratyaya)，有「攀緣」的意思，亦即向著某個方向而運動和作用。人的心識各有其攀緣的對象。例如眼識攀緣顏色對象，身識攀緣觸覺對象，如此等等。因而唯識學將心識也稱作「能緣」，將它的相關對象稱作「所緣」。據此，「緣」在這裡就是指：心識所具有的指向相關對象的作用。用現代現象學的術語來說，也就是意識所具有的「意向性」(intentionality)，即指向對象、構造對象的能力。現代哲學家布倫塔諾(B. Brentano)把它視為區別心理現象和物理現象的一個基本要素。

❷執我　執著的自我。用今天的語言來說，「執我」就是對象化的、實體化的自我。唯識學認為，「我」

實際上是第八識的意向活動，並非是執著的自我實體，但第七識把這個意向活動的「我」構造為意向對象的「我」。因此，第七識是把非對象、非實體的「我」當作了「對象的」、「實體的」「我」。這正是第七識的特點所在。玄奘在《成唯識論》卷一中把所有關於「我」的偏見歸為三類，「諸所執我略有三種。一者執我體常周遍。量同虛空。隨處造業受苦樂故。二者執我其體雖常而量不定。隨身大小有卷舒故。三者執我體常至細如一極微。潛轉身中作事業故。」這三種執我的偏見都在於把「我」這個「非常」看作是「常」。唯識學在這裡對第七識的觀察和描述，幾乎完全適用於對笛卡爾從「我思」(cogito)中得出「我在」(sum)的沉思過程的觀察和描述。

❸量為非　指第七識的知識為「非量」。「非量」是三種知識類型之一。其一為現量，即通過感知得來的直接知識；其二為比量，即通過想像、推論得來的間接知識（參見第一句「現量」、第十三句「三量」的注釋）。「非量」意味著「非知識」，或者也可以說，形上學的知識。

【語釋】

第七識所指向的對象是執著的自我，對這個對象的知識並不是真正意義上的知識。

27. 八（ㄅㄚ）大（ㄉㄚˋ）❶遍（ㄅㄧㄢˋ）行（ㄒㄧㄥˊ）❷別（ㄅㄧㄝˊ）境（ㄐㄧㄥˋ）慧（ㄏㄨㄟˋ）❸

【章旨】

前面曾經提到與八識（心王）相伴相隨的五十一種心理現象（心所）。這一句與下一句緊密相聯，指明與第七識相關的十八個心所，即十八種心理現象。

【注　釋】

❶八大　指八種「大隨煩惱」的心所。「隨煩惱」(upaklesa)，被稱作「枝末煩惱」，這是相對於作為「根本煩惱」的「煩惱」心所而言。「隨煩惱」共有二十種（參見第十五句「心所」的注釋）。按照《成唯識論》的說法，這二十種「隨煩惱」又可以再分為三類，所以也稱作「三隨煩惱」，即：一、「小隨煩惱」，指忿、恨、覆、惱、嫉、慳、誑、諂、害、憍等十種；這十種煩惱是各別產生的，稱為「小隨煩惱」。二、「中隨煩惱」，指無慚、無愧；這二種煩惱是與所有不善心一起產生的，稱為「中隨煩惱」。三、「大隨煩惱」，指掉舉、惛沉、不信、懈怠、放逸、失念、散亂、不正知等八種；這八種煩惱隨所有的染污心一起產生，而輾轉與小、中隨煩惱俱生，所以稱為「大隨煩惱」。「八大」在這裡是指第三種「大隨煩惱」。

❷遍行　指五個「遍行」心所：觸、作意、受、想、思（參見第十五句「心所」的注釋）。

❸別境慧　指「別境」心所（參見第十五句「心所」的注釋）中的「慧」心所。

【語　釋】

能夠與第七識相關聯的有十八種心理現象，這裡列出前十四種：八種大隨煩惱心所、五種遍行心所和別境心所中的一種——慧。

28. 貪癡我見慢❶相隨

【章　旨】

在與第七識相關聯的十八個心理現象中，上一句涉及十四個，這一句涉及剩餘的四個：我貪、我癡、我見、我慢。

這十八個心所都與第七識相關聯。但確切地說，只有其中的十二個心所才可以說是由第七識所導致的，或者說，與第七識相伴相隨的（參見第三十一句的章旨說明）。這裡說的是其中最根本的四個。

【注　釋】

❶貪癡我見慢　也就是「貪」、「癡」、「見」、「慢」，是「煩惱」心所中的四種。「煩惱」(klesa)，也被稱作「根本煩惱」，這是相對於作為「枝末煩惱」的「隨煩惱」心所而言。「煩惱」共有六種：貪、嗔、癡（無明）、慢、疑、見（惡見）（參見第十五句「心所」的注釋）。一、「貪」(lobha)，也稱作「愛」(trsna)，兩者是同義語。欲界的貪欲是欲貪或欲愛。色界的貪欲是色貪，無色界的貪欲是無色貪，此

後二者也稱為有愛。貪欲就是對所喜好對象的愛著。二、「嗔」(dvesa)，是指對不喜歡的對象的反抗、拒斥與嗔恨。附著於它的隨煩惱是「忿」、「恨」、「害」等等。三、「慢」(mana)，是指抬高自己輕視他人，以自我為中心的心情。與之相近的「隨煩惱」是「驕」(mada)。「慢」是與他人比較而後產生的自豪，「驕」是未經比較而本身就有的自豪。四、「癡」(moha)，相當於「無明」(avidya)，是指愚癡的狀態，執著於自我之中心，不明白真正的道理，也無法辨別邪惡。五、「見」(drsti)，這裡指的是「惡見」，意味著一切邪惡的見解，一切錯誤的想法。對此有各種劃分：如六十二見，二見、七見、五見等等。唯識學所區分的「五見」為「五染污見」：一身見，二邊見，三邪見，四見取見，五戒禁取見。六、「疑」(vicikitsa)，是指對人生的真諦和佛教的基本主張抱有懷疑態度。

【語釋】

其餘能夠伴隨第七識產生的四種心理現象分別為：我貪、我癡、我見、我慢，它們是四種「根本煩惱」。

29. 恒審❶思量❷我❸相隨

【章旨】

這裡開始「七識頌」的第二頌。這一句討論第七識的心識活動本身的特徵，尤其是它不斷地審決思量自我的特徵。這也是凡夫眾生一味地執著於自我的根源所在。

【注　釋】

❶恒審　一般說來，它是指反覆不斷地審查、考慮。這是第七識唯獨具有的特徵。因為一般說來，第八識雖然不間斷，但並不是審慮，因而恒而非審；第六識雖然是審慮，卻有間斷，因而審而非恒；而前五識則既不是審慮，也有間斷，因而非恒非審。惟有第七識，既恒又審。但是第七識的「恒」，還可以具有另一個意思：它不僅是指這個意識活動的反覆不斷，而且也可以意味著：「我」在這個意識活動中始終在場。也就是說，一旦第七識產生，自我也就恒常地存有，並且伴隨著所有的心識活動。

❷思量　是「意」(manas)的本來意思。

❸我　(atman)，音譯「阿特曼」。原來的意思是「呼吸」，後來引申為生命、自己、身體、自我、本質、自性等等。

【語　釋】

第七識是恒常的審慮思量，並且始終伴隨著自我。這意味著，它既是從自我出發的恒審思量，也是以自我為對象的恒審思量。

30. 有情❶日夜❷鎮❸昏迷❹

【章　旨】

這一句說明，由於執著於自我而產生的結果。自我一旦形成，便有你我之分、主客之別。這是眾生一切煩惱和困惑的產生源泉。

現代西方哲學中也有類似的思考。許多現代思想家認為，對自我和個體主體地位的誇大與執著，是導致近代自笛卡爾以來所形成倫理學上的極端個人主義、認識論上的極端主體主義以及世界觀方面的人類中心主義得以產生的理論根源和基本依據。

【注　釋】

❶有情　(sattva)，是指有情識的生物，包括人類、諸天、餓鬼、畜生、阿修羅等，在這裡意味著一切眾生。

❷日夜　指時時刻刻、恒常不斷，無論醒時睡時。也有人解釋為「生死」。

❸鎮　指常住、常守、永遠。

❹昏迷　指迷醉、沉迷、無覺的狀態。

【語　釋】

正是由於第七識始終執著於自我，因而各種生命體(眾生)每時每刻都處於沉迷不覺的狀態，無以自拔。

31. 四惑❶八大❷相應❸起

【章 旨】

前面第二十七句已經指出，與第七識直接相關聯的只有十八種心理現象。這一句再次列出十二種與第七識同時產生的心理現象（即四種根本煩惱和八種隨煩惱）就有特別的用意。它與後一句緊密相接，說明第七識被稱作染污識的原因。

其餘未提及的六種心理現象是五個「遍行」心所以及「別境」心所（參見第十五句「心所」的注釋）中的「慧」心所。它們是第七識產生的前提或工具，而不是由第七識所引起的結果，因此這裡並不提及。

【注 釋】

❶惑　指迷惑、不解。它與「煩惱」是基本同義的。「四惑」也就是四種根本煩惱，即煩惱心所中的前四種：我癡、我見、我慢、我愛（參見第二十八句「貪癡我見慢」的注釋）。

❷八大　即八種大隨煩惱的心所：掉舉、惛沉、不信、懈怠、放逸、失念、散亂、不正知（參見第二十

七句「八大」的注釋)。

❸相應　指「契合」的意思。它至少可以具有四種意義，或者說，有四種解釋（參見第十五句「相應」的注釋)。

【語　釋】

隨著自我在第七識中的形成，四種根本煩惱和八種隨煩惱也會與之相應地出現。

32.

六轉❶呼為❷染淨❸依❹

【章　旨】

這一句指明第七識的兩個基本性質：

其一，第七識是「染污識」。由於四種根本煩惱和八種隨煩惱的伴隨出現，使得第七識變為染污識，所以末那識也被稱作「染污意」。

其二，第七識是「轉識」。唯識論認為，所有八識中，惟有第八阿賴耶識是「本識」，其餘七識，都是「轉識」。

由於第二點不僅僅涉及心識的基本因素和它們之間的聯繫規律，而且同時涉及心識的發生、變化的基本法則，例如涉及「三能變」法則，因此，這裡實際上已經進入到唯識學的發生學研究領域。

【注　釋】

❶六轉　意味著前六種轉識。「六」在這裡不是指第六識，而是指所有前六識。「轉」，原義是轉變、改轉、轉起、轉易。這裡用來簡稱「轉識」。「轉識」一詞，在前面與「轉識成智」或「轉識得智」的修行、修道過程有關，即：轉有漏的八識為無漏的四智。在這裡，「轉識」則是指除第八識以外的前七識(pravrt-ti-vijnana)，即眼、耳、鼻、舌、身、意、末那等前七識。它們都以第八阿賴耶識為依據，都是第八識轉變的結果。因此，在這個意義上，第八識也被稱作「本識」，其餘七識則被稱作「轉識」。前七識雖然同稱「轉識」，但彼此間又有相生為依的關係。如第六識以第七末那（意根）為所依，第六意識得以生起。前五識又以意識為所依（分別依），前五識得以生起。因此，前七識對本識而言，稱七轉識；前六識對末那識而言，稱六轉識，這是以前六識的染淨轉易而說的。因為前六識的轉染、轉淨，都受到末那識的影響。最後還需要說明的是「轉識」的最後一個涵義：能夠轉變的心識。在這個意義上，所有八識都是「轉識」，因為它們都能轉變自身。唯識學將心識的所有八識分為「三能變」：第一能變的是第八阿賴耶識。唯識學認為，阿賴耶識是由以往的善惡行為積累所致，它就像種子，最終會導致成熟的結果，產生出一切有漏、無漏、有為等諸法功能，所以第八識也被稱作「種子識」、「異熟識」等等；第八識的變化能力也被稱作「異熟能變」。對此，後面在解釋第八識頌時還會進一步說明。第二能

變的是第七末那識。由於末那識不斷的執著於自我，持續地進行恒審思量，然後境界才能存在，所以第七識也被稱作「思量能變」。第三能變的是前六識。這是說，雖然七八兩識，具有能變的性能，然而若沒有前六識依據前六根（六種器官組織），區別出六種感官對象，那麼各種境界（即果報的界域）也就不可能成立，所以前六識也被稱作「了別能變」。

❷呼為　即「稱之為」。

❸染淨　「染」或「染污」(klista)，是「煩惱」的別稱。「淨」，是「清淨」(suddha)的簡稱，也就是無染污，遠離因惡的過失而招致的煩惱。在第七識階段上，「淨」特別用來說明第七識本身的見分、相分能與自證分完全相應，將自我視作它本身所是，不做任何附加誇張（參見第九句的章旨說明）。

❹依　(samnisraya)，指依止、依憑。可以分為「能依」和「所依」。依賴、依憑者，稱為「能依」；被依賴、被依憑者，稱為「所依」。

【語釋】

前六種轉識把第七識稱作「染淨依」，因為前六識以第七識為所依的條件或根據，第七末那識是否處在清淨的境界，決定了前六識是清淨還是染污。

33. 極(ㄐㄧˊ)喜(ㄒㄧˇ)❶初(ㄔㄨ)心(ㄒㄧㄣ)❷平(ㄆㄧㄥˊ)等(ㄉㄥˇ)性(ㄒㄧㄥˋ)❸

【章　旨】

由這一句開始「七識頌」的第三頌，也是最後一頌。與前面兩組頌，即前五識頌和第六識頌的情況一樣，每組的最後一頌都涉及轉識成智的修習說明。

【注　釋】

❶極喜　指「十地」（大乘菩薩道的修行階位）之中的初地「歡喜地」的異稱（參見第二十一句「歡喜地」的注釋）。

❷初心　指剛剛懷有轉識成智之意、尚未得以深行之心（參見第二十一句「初心」的注釋）。

❸平等性　是轉第七末那識而獲得的智慧，即「平等性智」(samata-jnana)的簡稱。它意味著一個特殊的智能階段，在這個階段上，修行者體悟到自己與他人是平等的，從而具有大慈悲心。

【語　釋】

與第七識相關的修行，包含從懷著最初的心意而進入歡喜地，直至最後轉識成智，獲得平等性智。

34. 無功用❶行❷我恒摧

【章旨】

這一句仍然在說明修習的進程，指出在此過程中，人為的努力和自在的境界屬於修行的不同階段，以及它們之間的根本分別。在八地之前，修行者雖然能夠達到真如之境，但仍須時刻作意檢點，要求自己不可失念，從而並不能做到隨心自在。而在八地以上，修行者則完全可以處在自如的無漏狀態，無須刻意用心。因此這時獲得的真知，也被稱作「無功用道」。

此句也有版本作：「無功用地我恒摧」。兩句的意思無根本差異。

【注釋】

❶無功用　(an-abhoga)，也簡稱為「無功」，指不借功用，即不加人工的造作，完全是自然的作用。它在這裡特別是指「十地」中的第八地——不動地。

❷行　施行、進行的意思。

【語釋】

在進入到第八地「不動地」的修行階段時，無須刻意的舉止和作為，自我之相便已經被恒久地摧毀。

35. 如來❶現起❷他受用❸

【章旨】

這一句與下一句緊密相連，具體說明在修行過程中，佛是以何種形式、何種形相現身，以及為哪一個階段上的修行者現身。

具體地說，在第七識的階段上，當它轉為平等性智時，佛便會以「他受用身」顯示微妙淨功德身。永明延壽《宗鏡錄》卷八十九的說法與此相符：他舉出轉三心可得三身之說，即：「轉滅三心得三身。一根本心。即第八識。轉得法身。二依本心。即第七識。轉得報身。三起事心。即前六識。轉得化身。」下面可以看到，這裡所說的「報身」，就是「受用身」。

【注釋】

❶如來（tathagata），佛的十個稱號之一，即佛的尊稱。它也可以被稱作或翻譯為「如去」。這是因為，梵語tathagata既可以分解為tatha-gata（如去），也可以分解為tatha-agata（如來）。前者可以解釋為：乘真如之道朝向佛果涅槃而去，因此叫做「如去」；後者可以解釋為：由真如而來（如實而來），而獲得

最終真正覺悟，因此叫做「如來」。

❷現起　指光明的發出、形相的顯現。這裡意味著，佛為感化和增益於眾生所示現的身相。有多種說法，例如法身、報身、應身的三身，或清淨法身、圓滿報身、自性化身的三身，還有法身、應身、化身的三身等等。這裡的身相之「現起」是指唯識學所說的三身：自性身、受用身、變化身稱為三佛身。此即法、報、化或法、應、化三身。關於三身的各個說法可以說是名異實同：一、「自性身」，亦即「法身」或「法性身」，是指常住不滅、人人都本來具有的真性，不過我們眾生迷而不顯，惟有覺悟者才覺而證得。──「自性身」可以說是「本體之身」。二、「受用身」，亦即「報身」，是指由佛的智慧功德所成的結果之身，指圓滿一切功德，住純淨之土，恒受用法樂之身。它有自受用報身和他受用報身的分別。在下面的注釋中還會對此予以說明。──「受用身」可以說是「起用之身」。三、「變化身」，亦即「應身」或「應化身」。佛以不可思議的神力，顯現無窮變化，為未登地諸菩薩眾及二乘等，稱其機宜，現通說法。──「變化身」可以說是「顯現之身」。

❸他受用　指「他受用身」。在如來所示現的三身中，「受用身」又分為「自受用身」和「他受用身」兩種：「自受用身」是指自身能受用廣大法樂的佛身；「他受用身」則是指並能令其他眾生受用廣大法樂的佛身。

【語　釋】

在這個修行階段上，如來會以「他受用身」的形相宣示自己，現種種形，說種種法，從而使他者受用大法樂。

36. 十地菩薩❶所被機❷

【章旨】

前一句和這一句的要旨在於說明：只有在達到一定境界後，才能證得真如，才能窺見佛的變身。因此，如來的示現，是針對特定對象的。感悟和親證，須得在達到一定境界後方可發生。

【注釋】

❶十地菩薩　十地，指菩薩道修行者所悟證的十個階位（參見第二十一句「歡喜地」的注釋）。「十地菩薩」，是指已經達到第十地的菩薩道修行者。由於業已經過了前面所有九個階段，因而十地菩薩對佛道的感悟應當是最大最深。

❷所被機　「被」，指躺臥時覆蓋身體的物件，如被子、被單等等。在這裡與「覆蓋」有關，轉義後與「關懷」有關。「被」有「能被」和「所被」之分：前者是主動態，後者是被動態。「機」，如前所述，在佛教經論中是指根機、機緣等等，也就是指具有遇緣而發動的可能性，也就是可以接受佛陀教法的素質、

能力。「所被機」，是指可被教化的機緣。

【語　釋】

如來在此以他受用身向十地菩薩示現，只有達到十地的修行者才有緣得到教化。

第八識頌（三十七——四十八句）

37. 性❶惟無覆❷五遍行❸

【章旨】

由這一句開始最後一組頌，即「八識頌」，也就是對第八識的頌。全組共十二句，仍分為三頌。

第八識也叫「阿賴耶識」。「阿賴耶」是梵語“alaya”的音譯，意思是「藏」。原來是指貯藏物品的倉庫或藏，可分為：「潛藏」、「貯藏」、「執著」三意，或者也可以說：「能藏」、「所藏」、「執藏」三意。因此，第八識也被譯作「藏識」或「宅識」，並且帶有這三種原初的涵義（後面還會涉及這三種涵義之間的根本區別的問題）。

除了音譯「阿賴耶識」和意譯「藏識」之外，第八識還有其他的稱號。《成唯識論》卷三曾給出第八識的七個名稱：心、阿陀那、所知依、種子識、阿賴耶、異熟識、無垢識。後人還為它加上初能變、根本識、根本依、如來藏、神識、本識等等名稱。

第八識是所有八種心識中最重要的一識。它不僅是前七識的根本（前七識由第八識的種子生起），甚至也是宇宙萬法的本源。同時，第八識也是理解唯識學的一個關節點。太虛曾說，「唯識宗之勝點，即在第八識，明此阿陀那識，即自明一切法唯識。」「此識為聖凡總依，真妄根本，唯識宗義，恃此以明。」

起初的印度佛教小乘部派只是區分眼識、耳識、鼻識、舌識、身識、意識等前六識。以後大乘佛教中的瑜伽行派則認為，在前六識的深處，有不斷生死輪回、並且持續活動的根本心，並且將這種根本心稱之為「阿賴耶識」。最先提到「阿賴耶識」的是《解深密經》。再後，唯識學派興起，不僅把阿賴耶識的觀念看作輪回的主體，同時也提出種子學說，用種子的觀念來說明善惡業果的傳接和延續。因此，阿賴耶識也被稱作「種子識」。在這些概念名稱中，第八識的基本性質得到表露。（參見第四十句的章旨說明。）

這裡的第一頌仍然以對第八識的基本要素和基本特徵之描述為開始。

【注　釋】

❶性　指一切存在的本性與狀態（性相）。從其有無或假實之立場分成三種，稱為「三性」：善、惡、無記（參見第一句「三性」的注釋）。

❷覆　指「遮蔽」、「覆蓋」。「無覆」便是無覆蓋、無遮蔽。它是「無記」的一種，全稱「無覆無記」（anivrtavyakrta）。「無記」可以說是非善非不善的「中性」。可以分為「有覆無記」與「無覆無記」。前者是

指有染污的、能遮蔽聖道的無記，或使心性不清淨的無記；後者則相反，沒有染污，不會遮蔽聖道，也不會使心性不清淨。在「無覆無記」中，還可以區分出「異熟無記」、「威儀無記」、「工巧無記」、「通果無記」等四種。

❸五遍行　指五種遍行心所，即五種可以伴隨所有八種心識一同產生的心理現象，因此具有普遍性，即：「觸」、「作意」、「受」、「想」、「思」（參見第三句「遍行」的注釋）。

【語　釋】

就第八識而論，它的本性既非善、也非惡，而且也沒有染污，因此與它相應的性相只是無覆無記，與它相伴而起的心理現象只是五種遍行的心所。

38. 界地❶隨他❷業力❸生

【章　旨】

這一句事關佛教經論中的因果報應思想，涉及業力和業果的內在聯繫，說明通過第八識的貯藏、傳遞，以往的行為、意志活動會導致當今的苦樂結果。這種果報具體表現為：如果修十善，來世便生為天；如果修五戒，來世便生為人；如果修十善，但仍有嗔、慢、疑、見的習氣，來世便生為阿修羅；如果作十惡業，來世便重入地獄；而如果在癡業方面特別偏執，來世便生為畜生；最後，如果在慳、貪、嫉方面特別偏執，來世便生為餓鬼。

【注　釋】

❶界地　指「三界」和由此而進一步區分出的「九地」。「三界」為：一、「欲界」；二、「色界」；三、「無色界」（參見第十四句「界」的注釋）。「九地」為：一、「五趣雜居地」（這一地屬「欲界」）；二、「離生喜樂地」；三、「定生喜樂地」；四、「離喜妙樂地」；五、「舍念清淨地」（這四地屬「色界」）；六、「空無邊處地」；七、「識無邊處地」；八、「無所有處地」；九、「非想非非想處地」（這四地屬「無色界」）。

❷隨他　在佛教經論中一般用來指「隨他意」，即隨著他人的機緣而說的方便教法。但在這裡則特別用來說明：根據各人的情況或機緣。

❸業力　業，意思是「造作」。它涵蓋所有行為、所作、行動、作用、意志等身心活動（參見第二十句「引滿」的注釋）。「業力」，指業的力量。例如善的行為可以具有生出樂果的力量，惡的行為可以具有生出苦果的力量。一切苦果樂果都是由於原先的所作所為才導致的。

【語　釋】

第八識中性地接納一切善惡的種子，因此，根據以往行為、思想的善惡，眾生可以被安排在三界九地的任何一界、任何一地之中。

39. 二乘❶不了❷因迷執❸

【章旨】

這一句涉及佛教歷史上的理論分歧。由於第八識（也包括第七識）並非是在原始佛教中一開始就得到確定和主張的心識，但又構成大乘佛學、尤其是唯識學的理論基礎，因此這裡特別對第八識予以強調，並對忽略第八識的做法予以批駁。這與玄奘在《成唯識論》卷十中的說法是一致的：「二乘所得二轉依果，唯永遠離煩惱障縛，無殊勝法，故但名解脫身。」

【注釋】

❶乘　指運載的工具。佛教經論中用它來表示將修行者從迷到悟的運載手段。「二乘」可以是指「小乘」和「大乘」。從思想史的發展來看，「大乘」、「小乘」的說法是在佛祖入滅後一段時期才出現的。在大乘佛教興起後，由於學說上的對立，大乘佛教徒將原始佛教與部派佛教都貶稱為「小乘」，而把自己的教派和理論稱作「大乘」。今天的學者在使用這兩個概念時已經不帶有貶褒之義，因為事實上「小乘」是「大乘」思想的基礎，「大乘」是「小乘」思想的展開。從總體的思想內容來看，主張佛為聲聞、緣

覺所說之法的佛教學說被稱為「小乘」(hina-yana)；主張佛為菩薩所說成佛之法的佛教學說則被稱為「大乘」(maha-yana)。但在這裡，「二乘」則顯然與「小乘」佛教所主張的兩種運載工具有關，即：「聲聞乘」和「緣覺乘」。「聲聞乘」是指能到達「聲聞果」的工具和手段（法門）。「緣覺乘」是指能到達「緣覺果」的工具和手段（法門）。這裡的「二乘」，實際上就是指「小乘」佛教。在佛教經論中，通常把聽聞佛陀聲教而證悟的出家弟子稱之為「聲聞」(sravaka)，「聲聞」的意思就是「弟子」。而性樂寂靜而不事說法教化的聖者，則通常被稱作「緣覺」(pratyeka-buddha)。「緣覺」的意思就是「獨自悟道的修行者」，在這個意義上，「緣覺」也等同於「獨自覺」。同時，「聲聞」和「緣覺」兩種聖者在佛教經論中也被簡稱為「二乘」。

❷不了　指不瞭解、不明白。

❸迷執　指「迷誤地堅持」。

【語　釋】

即使是聲聞乘和緣覺乘的聖者也只知前六識，而不瞭解第八識。這是因為第八識的形相微細隱幽，難以發現，所以這些聲聞乘和緣覺乘的聖者錯誤地堅持以第六識為心識中的根本。

40. 由此能興❶論主❷諍❸

【章旨】

這一句緊接上一句，通過交代歷史背景，說明第八識在唯識學中的重要地位，以及唯識學與前人學說的根本差異。

這裡所說的爭論，主要與六識說和八識說的分歧有關。小乘佛教所主張的六識，是指日常經驗中的心識活動，它們各有所依的根和所緣的境。這個主張雖然明瞭直觀，但仍有無常、間斷的心與恒常、持續的情之間的關係問題無法解決。因此，經過長時間的考量，並依據世尊於《解深密經》、《大乘阿毗達磨契經》和《楞伽經》中的一些說法，大乘後期的唯識學發展出在六識之外還有本識的學說。論證這一主張的唯識學著作主要有：無著的《瑜伽師地論》和《攝大乘論》、世親的《唯識二十論頌》和《唯識三十論頌》、護法等十大論師的《唯識三十頌》，以及玄奘的《成唯識論》。

由此，第八阿賴耶識得以提出，它被理解為一種相續的、恒在的細心。本識論的思想，最後也在釋尊有關細心相續的教說中找到理論根據，例如十八界中的「意界」、緣起支中的「識」支。關於「細心」，印順法師認為，「是受生命終者、根身的執持者、縛解的聯繫者。它為了業果緣起的要求而建立，它就是生命的本質。」

對此還可以參閱《成唯識論》卷三、卷四中所總結出的第八識之所以成立的十個理由或原因，或者說，對第八識的十種理論證明：一、根據「持種者」來證明；二、根據「異熟者」來證明；三、根據「趣生者」來證明；四、根據「有執受者」來證明；五、根據「壽、暖、識三者」來證明；六、根據「生死者」來證明；七、根據「緣起依者」來證明；八、根據「依食者」來證明；九、根據「滅定心者」來證明；十、根據「染淨者」來證明。

【注釋】

❶興 指發起、產生。

❷論主 論諍的主體，亦即指那些認為有第八識的大乘學說主張者與認為沒有第八識的小乘學說主張者。

❸諍 指當意見衝突時，通過爭辯而進行的議論，即「論諍」。今天也作「爭論」。佛教經論中有「四諍」的區分。定賓在《四分比丘戒本疏》卷下中說明：「諍理生諍，名為言諍；求過生諍，名為覓諍；評犯生諍，名為犯諍；羯磨生諍，名為事諍。」即是說，「四諍」分別意味著：一、「言諍」，即在討論法義、法理過程中發生的評論。二、「覓諍」，是指在覓求比丘等人的過失，並令除去過失的過程中而引發的評論。三、「犯諍」，是指比丘等人犯過而並未顯露，因罪相難知而評議時所引起的評論。四、「事諍」，是指在評議造業、如授戒懺悔的過程中，由於意見不一致所引發的評論。

【語 釋】

正是因為小乘只承認前六識，而大乘又確定和主張第八識的存在，這才引發小乘、大乘論主們依據佛典而展開相關的爭論。

41. 浩浩❶三藏❷不可窮❸

【章 旨】

這裡開始「八識頌」的第二頌。這一句說明第八識的基本性質是由「三藏」共同組成。唯識學發展至今，對於第八阿賴耶識的存在，幾乎已經不像唯識學初起時那樣還存有爭論。但是，對於第八識所具有的這些基本性質，後人的爭論仍然較多。當然，這些爭論也恰恰表明，唯識學所提出的主張是與當代學術思想界所考慮的問題相關聯的。

【注 釋】

❶浩浩　用來描述博大、深遠、眾多的樣子。

❷藏　(pitaka)，意謂容器、穀倉、籠等。「三藏」(trini pitakani)，在佛教經論中有多重涵義。一般是指「三

法藏」即佛教聖典的三種分類：「經藏」、「律藏」、「論藏」。與之相關的是三種學說：「定學」、「戒學」、「慧學」。有時也用來指聲聞、緣覺、菩薩等三乘人所說的佛法，即：「聲聞藏」、「緣覺藏」、「菩薩藏」。「三藏」也被用來指稱精通三種佛教經典和相關學說的人，亦即「三藏法師」的簡稱。但在這裡，「三藏」有特別的涵義，它是指第八識所包含的基本內容：阿賴耶的基本意義是「藏」，展開便為三：其一為「能藏」，其二為「所藏」，其三為「執藏」。「能藏」意味著，第八識具有包容和保存一切種子的能力。「所藏」意味著，被保存和包容在第八識中的一切種子。前者與第八識的活動能力（見分、識自體）有關；後者與第八識的相關項（相分、種子）有關。它們構成第八識的兩極，從識自體角度來看，第八識便是「能藏」；而從種子角度來看，它又可以說是「所藏」。「執藏」則意味著第八識的基本活動特徵，即「執持」，特點是「堅執不舍」。如果「能藏」和「所藏」表明第八識是一個倉庫和種子的集散地，那麼「執藏」的性質已經賦予第八識以主體的地位。這個主體與西方哲學中的「超越論主體」(the transcendental subjct)有許多相合之處。許多唯識學家特別關注和強調第八識的這個特徵，並因此而更願意把第八識稱為「阿陀那識」(adana)，即「持識」或「執持識」。按照《成唯識論》卷三的說法，這些特徵具體表現為：「以能執持諸法種子，及能執受色根依處，亦能執取結生相續」。首先，能執取結生相續。這也就是說，第八識是維繫整個生命進程的東西。其次，能執受色根依處。即是說，第八識是前五識所依存者，正因為有了阿陀那識的「執受」，才使眼、耳、鼻、舌、身能夠「一期相續存在，不散不壞」。在這一點上，阿陀那識的「執」具有了「執受」的特徵。它意味著「執為自體，令生覺受」。最後，能執持諸法種子。「諸法」是指「一切有為法」，包括雜染法和清淨法。「種子」是指各類積累的習性，也可以說是精神作用的可能性，可分為業種和法種。按照《成唯識論》卷三的說法，「種子」與

「法」的關係就在於，一切法都是從阿賴耶識中的種子而生，甚至阿賴耶也是從其自體所含藏的種子而生。這意味著，阿陀那識能夠執持所有現實的（法）和可能的（種）行為活動，不使它們散失和斷滅。「執持」在這裡是指不斷地維持。

❸窮　指窮盡、窮竭。

【語釋】

在第八識中所保存和包含的貯藏能力、貯藏對象以及貯藏之持續性，就像浩瀚無涯的大海，是無法得到窮盡的。

42. 淵深❶七浪❷境為風❸

【章旨】

這一句討論第八識與其他七種心識及其相關對象的關係，形象而詩意地說明心識之海洋的狀況。這個比喻最初源自《楞伽經》，其中多次提及深海與風、浪。其中的兩句以後也在《成唯識論》中被引用，例如：「如海遇風緣，起種種波浪；現前作用轉，無有間斷時；藏識海亦然，境等風所擊；恒起諸識浪，現前作用轉。」又如：「譬如巨海浪，斯由猛風起，洪波鼓冥壑，無有斷絕時。藏識海常住，境界風所動，種種諸識浪，騰躍而轉生。」

【注釋】

❶淵深 指浩瀚如海的第八識深不可測。

❷七浪 意喻前七識與第八識相比類似於海上的浪。

❸境為風 意喻前七識的各自對象與第八識相比類似於海上的風。

【語釋】

第八識浩瀚如海，深不可測。與之相比，前七識只是海上的浪，隨各自所攀緣的對象之風的興蕩而起伏。風和浪互為因果，時生時滅。

43. 受熏❶持種❷根身器❸

【章旨】

這一句仍然是討論第八識與其他七識的相互關係和相互作用，說明原因與結果、行為與習性、先天與後天、過去與現在、現在與將來等等對立概念之間的傳承與互動。

【注釋】

❶熏　也作「薰」，是「熏習」(vasana)的簡稱。所謂「熏習」，是借人以香氣熏附衣服的比喻來說明，各種行為、言語、思想、意志等等的勢力會熏附殘留在心識上，並且作用於心識。「熏習」的概念類似於古希臘哲學中的“ethos”概念，有「習俗」、「倫常」的意思，它表明一種由於進行善惡行為而形成的慣性力量和積澱作用。「熏習」的學說始於小乘佛教，經量部主張色（物質）與心能夠互相熏習，所以小乘佛教有色心互熏的說法。熏習說的展開則是由大乘唯識學結合種子說而完成的。《成唯識論》卷二中說：「令種子生長，故名熏習。」大乘唯識學把第八阿賴耶識看作是「所熏」，而把前面的七個轉識的當下行為看作是「能熏」，據此來論述唯識學的因果相續理論：現在的各種行為熏習著種子，種子則引發出現在的各種行為。印順曾對此解釋說，「熏，並不是熏成種子，是熏發種子使它的力量強化。」《成唯識論》卷二進一步區分出「能熏」和「所熏」各自具有的四個本質特徵。「能熏」的四個特徵是：一、「有生滅」：「若法非常。能有作用。生長習氣。乃是能熏。」二、「有勝用」：「若有生滅。勢力增盛。能引習氣。乃是能熏。」三、「有增減」：「若有勝用。可增可減。攝植習氣。乃是能熏。」四、「能所和合」：「若與所熏。同時同處。不即不離。乃是能熏。」這四個本質特徵是前七識所共同具有的，因此前七識是「能熏」。而「所熏」的四個特徵是：一、「堅住性」：「若法始終。一類相續。能持習氣。乃是所熏。」二、「無記性」：「若法平等。無所違逆。能容習氣。乃是所熏。」三、「可熏性」：「若法自在。性非堅密。能受習氣。乃是所熏。」四、「能所和合」：「若與能熏。同時同處。不即不離。乃是所熏。」只有第八識具有這四個本質特徵，因此第八識是「所熏」。這一句中的「受熏」，

是指「受到熏習」，表明了第八識的「所熏」特徵。

❷持種　指「持有種子」。「種子」(bija)，在佛教經論中被解釋為各種積累的習性，亦即精神作用的可能性。除了在上一句中所劃分的業種和法種之外，「種子」還可以分為「有漏種子」和「無漏種子」，前者是指能產生諸現象（眾生之迷界）的種子，後者則是指能產生菩提之因的種子。此外，大乘唯識學認為「種子」具備六項條件，它們也被稱為「種子六義」。《成唯識論》卷二列舉如下：一、「剎那滅」，種子會有瞬間的生滅變化，是無常的。二、「果俱有」，種子會與作為現行事物的果同時共存。三、「恒隨轉」，種子會始終不斷地生起、相續，直至究竟位。四、「性決定」，種子的性質乃是根據由因力而生的善惡之果來決定的。五、「待眾緣」，種子的現行活動需要依賴各種外部條件的會合。六、「引自果」，種子會引生出各自相對於心、物而言的果。即是說，色法由色法之種子所生，心法由心法之種子所生。

❸根身器　「根身器界」的簡稱。從種子中可以變現出根身和器界。佛教經論中有「內變根身、外變器物」的說法。「根身」也就是由六根體現的心身、六種器官組織和神經系統，它們是根據過去的業因而獲得的果報正體，也被稱作眾生的「正報」。「器界」也就是國土器物、器物世界，它們是指六根心身所依據的身外諸物，因此也被稱作眾生的「依報」。

【語　釋】

前七識的意向活動及其相關對象會以熏習的方式傳留、維繫在作為「所熏」的第八識中。這也就意味著第八識具有「受熏持種」的功能，具有攝持各種精神作用的可能性。這些可能性在成熟後或是向內變化實現為人的身體的器官組織，或是向外變化實現為物質自然的器物世界。

44. 去後❶來先❷作主公❸

【章旨】

這一句說明第八識與眾生之生命的關係。「去」和「來」在這裡是指具體生命的結束和開始。而第八識本身則無始無終，綿綿不絕，主宰於各個不斷開始和結束的具體生命之間。

南懷瑾認為，玄奘乃是用前一句和這一句來「歸納阿賴耶識的內義」。但他同時認為，以後的一般佛學，「除了注重在根身，和去後來先作主公的尋討以外，絕少向器（物理世界）的關係上，肯做有系統而追根究底的研究，所以佛法在現代哲學和科學上，不能發揮更大的光芒。」

除此之外，這一句所描述的第八識的狀況曾引起教界和學界的爭議，甚至被用來論證《八識規矩頌》並非出自玄奘本人之手。（參見「導讀」的說明。）

【注釋】

❶去後　指眾生死亡後，第八識是最後離開的。「去」，指「死亡」。

❷來先　指眾生投生時，第八識是最先到來的。「來」，指「出生」。

❸作主公　比喻第八識猶如宅舍的主人公，在這裡是指第八識決定著各期生命的內涵。

【語　釋】

第八識是在過去的生命結束之後才會離開，在將來的生命開始之前已經到來，因此而成為生死輪回的主體，並在此意義上是「相續執持識」。

45. 不動地❶前纔舍藏❷

【章　旨】

這裡開始「八識頌」的第三頌，是第八識的最後一頌，也是全文的最後一頌。與每一組的最後一頌類似，這一頌也是說明與第八識相關的轉識成智過程，即從有漏的第八識，轉成無漏的大圓鏡智。

這個轉識成智的過程分為幾個步驟或階段。在第八識的諸多名稱中，有幾個名稱是與這幾個步驟相對應的。在這一句裡涉及的第八識所具有的「藏識」名稱。

這一句所表明的是，第八識如果要轉識成智，首先要擺脫它所含有的「執藏」的性質，這也就意味著要擺脫「藏識」的名稱。

【注釋】

❶不動地　指十地中的第八地菩薩境界（參見第二十一句「歡喜地」的注釋）。

❷舍藏　對此存在多種可能的解釋。其中一種解釋是：捨去第八識中包含的三藏，即第八識不再是「藏識」；另一種解釋是：捨去「所藏」中的雜染種子，即不再保留與生俱來的我執。這兩種解釋都依據了對第八識的不同理解。由於第三十四句「無功用行我恒摧」已經提到，在第八不動地上，自我被恒久地摧毀，因此這裡偏向於採納第二種解釋，但同時也對第一種解釋做一關照。

【語釋】

修行者要修到第八不動地的菩薩境界時，才能夠捨去第八識含有的所藏，才能夠不帶有與生俱來的執著自我，從而也捨去「藏識」的名稱。

46. 金剛道❶後異熟❷空

【章旨】

在這一句裡涉及第八識的另一個名稱：「異熟識」，同時涉及相關的轉識成智的步驟：第八識要轉識成智，還要去除它所含有的果報和輪回的性質，這也意味著要去除「異熟識」的名稱。

【注　釋】

❶金剛道　「金剛」(vajra)，是指最寶貴、最堅固、最銳利的東西，亦即金中之剛。「金剛道」在這裡是「金剛喻定」(vajropama-samadhi)的簡稱，意味著修行達到十地後的圓滿之心。在菩薩道修習至最後位時，一切最細微的煩惱都被斬除。此時的修行者，其智用堅利，譬如金剛；此時所獲得的禪定，被稱作「金剛喻定」。

❷異熟　「異熟識」的簡稱。「異熟識」是第八識的另一個稱號，強調的是第八識所含有的因果報應的內涵。「異熟」(vipaka)的意思相當於：根據過去的善惡行為、意志、思想而得到的果報之總稱，以往也有人直接譯作「果報」。之所以將第八識稱作「異熟識」，是因為「異熟」一詞有特定的意思：「果」至少在三個方面異於「因」而成熟：一、「異時熟」，因為「因」和「果」必定隔世(異時)而成熟的。二、「變異熟」，因為「果」是由於「因」所變異而成熟的。三、「異類熟」，因為「果」與「因」是異類，但卻是由於「因」而成熟的。

【語　釋】

在修習到了金剛喻定的最高階位上，最細微的煩惱也消失殆盡，第八識也就脫離了所有因果報應的層面，不再受因緣的牽制，從而也去除「異熟識」的名稱。

47. 大圓❶無垢❷同時發❸

【章旨】

這一句重又涉及第八識的另一個名稱：「無垢識」，也涉及與此相關的轉識成智之步驟，在這裡是最後一個步驟。在這裡，第八識已經成為「無垢識」，同時也成為智慧「大圓鏡智」。嚴格說來，在這個階段上，第八識已經不復存在，因為在「無垢識」的階段上，它已經轉變為大圓鏡智。因此在佛教的論著中，「無垢識」（即「阿末羅識」）也曾被解釋和翻譯為「第九識」。但以後的唯識學新譯家仍然把「無垢識」看作是第八識的淨分，還有人把「無垢識」理解為「第八識的圓滿自證分」。因此，後人大都不再另立一個為第九識。

【注釋】

❶大圓　指「大圓鏡智」(adarsa-jnana)。也稱「清淨智」或「金剛智」。唯識學認為，修道成佛之後，八識可以轉變為四種智慧（參見前面對第十句的解釋）。「大圓鏡智」或「大圓鑒智」便是由第八阿賴耶識轉變而來。這個稱號表明：它是一種可以如實映現一切法的佛智，就像大圓鏡之可映現一切形像一

樣。

❷無垢（amala），音譯為「阿末羅」，意譯為「無垢」，它是「無垢識」或「阿末羅識」的簡稱。「無垢識」或「阿末羅識」是第八識的另一個稱號。《成唯識論》卷三中說：「或名無垢識。最極清淨諸無漏法所依止故。此名唯在如來地有。」

❸同時發　指同時產生。

【語　譯】

清淨智或大圓鏡智是由第八識所轉而得來的智慧，與它同時生起的是清淨的無垢識或阿末羅識。

48. 普照十方❶塵剎❷中

(普ㄆㄨˇ照ㄓㄠˋ十ㄕˊ方ㄈㄤ塵ㄔㄣˊ剎ㄔㄚˋ中ㄓㄨㄥ)

【章　旨】

這一句是全文的結束語，也是對轉識成智之究竟果位的終極描述。

【注　釋】

❶十方（dasa disah），在佛教經論中是指「四方」（東、西、南、北）、「四維」（東南、西南、東北、西

北)、上下之總稱。佛教的經論主張，在此十個方向上有無數世界以及無數淨土，所以也說「十方世界」、「十方淨土」等等；而其中所住的諸佛以及眾生，也被稱為「十方諸佛」、「十方眾生」等等。

❷剎（ksetra），是指「國土」。「塵剎」，意味著像微塵一樣無數無量的世界。

【語釋】

第八識所轉的大圓鏡智如圓鏡，映現一切法，普照在大千世界、十方淨土的所有角落，無一遺漏。

參考引用文獻

一、原典

1. 《阿含經》
2. 《解深密經》
3. 《華嚴經》
4. 《楞伽經》
5. 《楞嚴經》
6. 無著，《瑜伽師地論》
7. 無著，《顯揚聖教論》
8. 無著，《攝大乘論》
9. 世親，《唯識二十論頌》

10. 世親，《唯識三十論頌》
11. 世親，《百法明門論》
12. 陳那，《集量論》
13. 陳那，《觀所緣緣論》
14. 陳那，《因明正理門論》
15. 商羯羅主，《因明入正理論》
16. 玄奘，《成唯識論》
17. 窺基，《成唯識論述記》

二、詮釋注解

1. 魯庵普泰，《八識規矩補注》兩卷，《大正藏》，卷四十五，No. 1865；《新纂大藏・卍・續藏經》，卷五十五，No. 889。
2. 高原明昱，《八識規矩補注證義》，《新纂大藏・卍・續藏經》，卷五十五，No. 890。
3. 度門正誨，《八識規矩略說》，《新纂大藏・卍・續藏經》，卷五十五，No. 891。
4. 達觀真可，《八識規矩頌解》，《新纂大藏・卍・續藏經》，卷五十五，No. 892。
5. 憨山德清，《八識規矩通說》，《新纂大藏・卍・續藏經》，卷五十五，No.893。

6. 虛中廣益，《八識規矩纂釋》，《新纂大藏・卍・續藏經》，卷五十五，No. 894。

7. 蕅益智旭，《八識規矩直解》，《新纂大藏・卍・續藏經》，卷五十五，No. 895。

8. 行舟，《八識規矩淺說》，《新纂大藏・卍・續藏經》，卷五十五，No. 896。

9. 行舟，《八識規矩頌注》，《新纂大藏・卍・續藏經》，卷五十五，No. 897。

10. 性起，《八識規矩論義》，《新纂大藏・卍・續藏經》，卷五十五，No. 898。

11. 諦閑古虛，《八識規矩頌講義》，上海佛學書局、香港華南佛學院，出版年代不詳。

12. 太虛，《八識規矩頌講錄》，太虛《法相唯識學》，上海：商務印書館，一九三八年，頁一四六～一六八；北京：商務印書館，二〇〇二年，上冊，頁一五九～一八一。

13. 晴朗，《八識規矩頌解》，出版地點、年代不詳。

14. 本源，〈論「八識規矩」〉，《法音》，一九九〇年四月。

15. 范古農，《八識規矩頌貫珠集》，南懷瑾《楞伽大義今釋》，上海：復旦大學出版社，二〇〇一年，頁三九〇～四〇一；網址：http://books.fjnet.com/fxyj/News_model.asp?ID=272。

16. 演培，《唯識二十頌講記・八識規矩頌講記》，臺北：天華出版公司，一九八六年。

17. 王恩洋，《八識規矩頌釋論》，《王恩洋先生論著集》（十卷），第一卷，成都：四川人民出版社，二〇〇一年；《唯識典籍研究》，臺北：大乘文化出版社，一九七八年。

18. 李月德，《八識規矩頌精要》，玄奘研究院，二〇〇〇年。

19. 于淩波，《八識規矩頌講記》，臺北：圓明出版社，出版年代不詳。

20. 馮達庵，《八識規矩頌詳釋》：網址：http://www.tangmi.com/bsgjs/b_s1.htm。

21. 真華，《八識規矩頌誨蒙》，臺灣：新文豐出版公司，一九七六年。

22. 聖嚴，《探索識界：八識規矩頌講記》，臺北：法鼓文化出版社，二〇〇一年。

23. 張玄祥，《經典選讀：八識規矩頌》：網址：http://www.dharma.com.tw/X1Chinese/D24Bible/E400.htm。

24. Ronald Epstein: Translation and Explanation of VERSES DELINEATING THE EIGHT CONSCIOUSNESSES by Tripitaka Master Hsuan-Tsang of the Tang Dynasty, in: Internet: http://online.sfsu.edu/~rone/Buddhism/Yogacara/BasicVersescontents.htm。

25. 陳鵬，《唯識四論》，臺北：佛光山文化事業有限公司，一九九九年，頁二六九～二九八。

三、考證評述

1. 王肯堂，《成唯識論集解》，《新纂大藏・卍・續藏經》，卷五十，No. 821。

2. 王肯堂，《成唯識論證義》，《新纂大藏・卍・續藏經》，卷五十，No. 822。

3. 周叔迦，《周叔迦佛學論著集》，上、下冊，北京：中華書局，一九九一年。

4. 楊白衣，《唯識要義》，臺北：文津出版社，一九九五年。

5. 聖嚴，〈明末的唯識學者及其思想〉，《中華佛學學報》，第一期，一九八七年。

6. 佛日，〈法相唯識學復興的回顧〉，《法音》，第五期，一九九七年。
7. 陳寅恪，《陳寅恪史學論文選集》，上海：上海古籍出版社，一九九二年。
8. 印順，《心與識》；網址：http://www.china-drikung.org.tw/heart1.htm。
9. 印順，《唯識學探源》，臺北：正聞出版社，一九九二年。
10. 印順，《佛法概論》，上海：上海古籍出版社，一九九八年。
11. 昭慧，《初期唯識思想——瑜伽行派形成之脈絡》，臺北：法界出版社，二〇〇一年。
12. 林國良，《成唯識論直解》，上海：復旦大學出版社，二〇〇〇年。
13. 于凌波，《唯識二十頌．觀所緣緣論．新釋合刊》，臺北：圓明出版社，一九九九年。
14. 呂澂，〈玄奘法師略傳〉，《玄奘大師研究（上）》，臺北：大乘文化出版社，一九七七年；《現代佛學》，第三期，一九五六年。
15. 呂澂，《呂澂佛學論著選集》，五卷本，濟南：齊魯書社，一九九一年。
16. 湯用彤，《湯用彤全集》，七卷本，石家莊：河北人民出版社，二〇〇〇年。
17. 南懷瑾，《楞伽大義今釋》，上海：復旦大學出版社，二〇〇一年。
18. 熊十力，《佛家名相通釋》，北京：中國社會科學出版社，一九八五年。
19. 剛曉，《漢傳因明二論》，北京：宗教文化出版社，二〇〇三年。
20. 濟群，《解深密經講記》；網址：http://www.jiqun.com/old/weishi/js1.htm。
21. 井上玄真，《唯識三十頌講話》，芝峰法師譯，福建：蒲田廣化寺印。

22. 胡塞爾，《邏輯研究》，倪梁康譯，第一卷，臺北：時報出版公司，一九九四年；第二卷，臺北：時報出版公司，一九九九年。
23. 梅洛龐蒂，《知覺的首要地位及其哲學結論》，王東亮譯，北京：三聯書店，二〇〇三年。
24. 笛卡爾，《第一哲學沉思集》，龐景仁譯，北京：商務印書館，一九九六年。
25. 吳汝鈞，《唯識現象學》，兩卷本，臺北：學生書局，二〇〇二年。

古籍今注新譯叢書

【哲學類】

新譯四書讀本　謝冰瑩、邱燮友等編譯
新譯學庸讀本　王澤應注譯
新譯論語新編解義　胡楚生編著
新譯孝經讀本　賴炎元、黃俊郎注譯
新譯易經讀本　郭建勳注譯　黃俊郎校閱
新譯周易六十四卦經傳通釋　黃慶萱注譯
新譯乾坤經傳通釋　黃慶萱注譯
新譯易經繫辭傳解義　吳　怡著
新譯禮記讀本　姜義華注譯　黃俊郎校閱
新譯儀禮讀本　顧寶田、鄭淑媛注譯　黃俊郎校閱
新譯孔子家語　羊春秋注譯　周鳳五校閱
新譯老子讀本　余培林注譯
新譯帛書老子　趙　鋒注譯
新譯老子解義　吳　怡著
新譯莊子讀本　黃錦鋐注譯
新譯莊子讀本　張松輝注譯
新譯莊子本義　水渭松注譯
新譯莊子內篇解義　吳　怡著
新譯列子讀本　莊萬壽注譯

新譯管子讀本　湯孝純注譯　李振興校閱
新譯墨子讀本　李生龍注譯　李振興校閱
新譯公孫龍子　丁成泉注譯　黃志民校閱
新譯晏子春秋　陶梅生注譯　葉國良校閱
新譯鄧析子　徐忠良注譯　劉福增校閱
新譯荀子讀本　王忠林注譯
新譯尹文子　徐忠良注譯　黃俊郎校閱
新譯尸子讀本　水渭松注譯　陳滿銘校閱
新譯鶡冠子　趙鵬團注譯
新譯鬼谷子　王德華等注譯
新譯韓非子　賴炎元、傅武光注譯
新譯呂氏春秋　朱永嘉、蕭　木注譯　黃志民校閱
新譯韓詩外傳　孫立堯注譯
新譯淮南子　熊禮匯注譯　侯迺慧校閱
新譯春秋繁露　朱永嘉、王知常注譯
新譯新書讀本　饒東原注譯　黃沛榮校閱
新譯新語讀本　王　毅注譯　黃俊郎校閱
新譯潛夫論　彭丙成注譯　陳滿銘校閱
新譯論衡讀本　蔡鎮楚注譯　周鳳五校閱
新譯申鑒讀本　林家驪、周明初注譯　周鳳五校閱
新譯人物志　吳家駒注譯　黃志民校閱
新譯張載文選　張金泉注譯
新譯近思錄　張京華注譯
新譯傳習錄　李生龍注譯
新譯呻吟語摘　鄧子勉注譯

新譯明夷待訪錄　李廣柏注譯　李振興校閱

【文學類】

新譯詩經讀本　滕志賢注譯
新譯楚辭讀本　林家驪注譯
新譯楚辭讀本　傅錫壬注譯
新譯文心雕龍　羅立乾注譯
新譯六朝文絜　蔣遠橋注譯
新譯世說新語　劉正浩、邱燮友等注譯
新譯昭明文選　周啟成等注譯
新譯古文觀止　謝冰瑩、邱燮友等注譯
新譯古文辭類纂　黃　鈞、葉幼明等注譯
新譯樂府詩選　溫洪隆、溫　強注譯
新譯古詩源　馮保善注譯
新譯千家詩　邱燮友、劉正浩注譯
新譯詩品讀本　程章燦、成　林注譯
新譯花間集　朱恒夫注譯
新譯南唐詞　劉慶雲注譯
新譯絕妙好詞　聶安福注譯
新譯唐詩三百首　邱燮友注譯
新譯宋詩三百首　陶文鵬注譯
新譯宋詞三百首　汪　中注譯
新譯宋詞三百首　劉慶雲注譯
新譯元曲三百首　賴橋本、林玫儀注譯
新譯明詩三百首　趙伯陶注譯
新譯清詩三百首　王英志注譯
新譯清詞三百首　陳水雲等注譯
新譯唐人絕句選　卞孝萱、朱崇才注譯　齊益壽校閱
新譯唐才子傳　戴揚本注譯
新譯拾遺記　石　磊注譯
新譯搜神記　黃　鈞注譯
新譯唐傳奇選　束　忱、張宏生注譯　侯迺慧校閱
新譯宋傳奇小說選　束　忱注譯
新譯明傳奇小說選　陳美林、皐于厚注譯
新譯容齋隨筆選　朱永嘉等注譯
新譯明散文選　周明初注譯
新譯明清小品文選　鄭　婷注譯
新譯人間詞話　馬自毅注譯
新譯白香詞譜　劉慶雲注譯
新譯幽夢影　馮保善注譯
新譯菜根譚　吳家駒注譯
新譯小窗幽記　馬美信注譯
新譯圍爐夜話　馬美信注譯
新譯郁離子　吳家駒注譯
新譯歷代寓言選　黃瑞雲注譯
新譯賈長沙集　林家驪注譯
新譯揚子雲集　葉幼明注譯
新譯曹子建集　曹海東注譯　蕭麗華校閱
新譯建安七子詩文集　韓格平注譯
新譯阮籍詩文集　林家驪注譯　簡宗梧、李清筠校閱

新譯嵇中散集　崔富章注譯　莊耀郎校閱
新譯陸機詩文集　王德華注譯
新譯陶淵明集　溫洪隆注譯　齊益壽校閱
新譯江淹集　羅立乾、李開金注譯
新譯庾信詩文選　歸　青注譯
新譯初唐四傑詩集　李福標注譯
新譯駱賓王文集　黃清泉注譯　陳全得校閱
新譯王維詩文集　陳鐵民注譯
新譯孟浩然詩集　楊　軍注譯
新譯李白詩全集　郁賢皓注譯
新譯李白文集　郁賢皓注譯
新譯杜甫詩選　張忠綱、趙睿才、綦　維注譯
新譯杜詩菁華　林繼中注譯
新譯高適岑參詩選　孫欽善、陳鐵民注譯
新譯昌黎先生文集　周啟成等注譯　陳滿銘等校閱
新譯劉禹錫詩文選　閻　琦注譯
新譯柳宗元文選　卞孝萱、朱崇才注譯
新譯白居易詩文選　陶　敏、魯　茜注譯
新譯元稹詩文選　郭自虎注譯
新譯李賀詩集　彭國忠注譯
新譯杜牧詩文集　張松輝注譯　陳全得校閱
新譯李商隱詩選　朱恒夫、姚　蓉等注譯
新譯范文正公選集　沈松勤、王興華注譯　葉國良校閱
新譯蘇洵文選　羅立剛注譯
新譯蘇軾文選　滕志賢注譯
新譯蘇軾詞選　鄧子勉注譯
新譯蘇轍文選　朱　剛注譯
新譯曾鞏文選　高克勤注譯
新譯王安石文選　沈松勤注譯
新譯唐宋八大家文選　鄧子勉注譯
新譯柳永詞集　侯孝瓊注譯
新譯李清照集　姜漢椿等注譯
新譯陸游詩文集　韓立平注譯　彭國忠校閱
新譯辛棄疾詞選　聶安福注譯
新譯歸有光文選　鄔國平注譯
新譯唐順之詩文選　馬美信注譯
新譯徐渭詩文選　周　群等注譯
新譯薑齋文集　平慧善注譯　周鳳五校閱
新譯顧亭林文集　劉九洲注譯　黃俊郎校閱
新譯納蘭性德詞　馮　乾注譯
新譯方苞文選　鄔國平等注譯
新譯鄭板橋集　朱崇才注譯
新譯袁枚詩文選　王英志注譯
新譯李慈銘詩文選　潘靜如注譯
新譯聊齋誌異選　任篤行等注譯　袁世碩校閱
新譯閱微草堂筆記　嚴文儒注譯
新譯浮生六記　馬美信注譯
新譯弘一大師詩詞全編　徐正綸編著

歷史類

新譯史記　韓兆琦注譯
新譯漢書　吳榮曾等注譯
新譯後漢書　魏連科等注譯
新譯三國志　吳樹平等注譯
新譯資治通鑑　張大可、韓兆琦等注譯
新譯史記—名篇精選　韓兆琦注譯
新譯尚書讀本　吳　璵注譯
新譯尚書讀本　郭建勳注譯
新譯周禮讀本　賀友齡注譯
新譯逸周書　牛鴻恩注譯
新譯左傳讀本　郁賢皓等注譯　傅武光校閱
新譯公羊傳　雪　克注譯　周鳳五校閱
新譯穀梁傳　顧寶田注譯　葉國良校閱
新譯春秋穀梁傳　周　何注譯
新譯戰國策　溫洪隆注譯　陳滿銘校閱
新譯國語讀本　易中天注譯　侯迺慧校閱
新譯說苑讀本　左松超注譯
新譯說苑讀本　羅少卿注譯　周鳳五校閱
新譯新序讀本　葉幼明注譯　黃沛榮校閱
新譯吳越春秋　黃仁生注譯　李振興校閱
新譯西京雜記　曹海東注譯　李振興校閱
新譯列女傳　黃清泉注譯　陳滿銘校閱
新譯越絕書　劉建國注譯　黃俊郎校閱
新譯燕丹子　曹海東注譯　李振興校閱
新譯東萊博議　李振興、簡宗梧注譯
新譯唐六典　朱永嘉、蕭　木注譯
新譯唐摭言　姜漢椿注譯

【宗教類】

新譯金剛經　徐興無注譯　侯迺慧校閱
新譯高僧傳　朱恒夫、王學均等注譯　潘栢世校閱
新譯碧巖集　吳　平注譯
新譯百喻經　顧寶田注譯
新譯楞嚴經　賴永海、楊維中注譯
新譯梵網經　王建光注譯
新譯圓覺經　商海鋒注譯
新譯法句經　劉學軍注譯
新譯六祖壇經　李中華注譯　丁　敏校閱
新譯禪林寶訓　李中華注譯　潘栢世校閱
新譯維摩詰經　陳引馳、林曉光注譯
新譯經律異相　顏洽茂注譯
新譯阿彌陀經　蘇樹華注譯
新譯無量壽經　邱高興注譯
新譯無量壽經　蘇樹華注譯
新譯妙法蓮華經　張松輝注譯　丁　敏校閱
新譯景德傳燈錄　顧宏義注譯
新譯大乘起信論　韓廷傑注譯　潘栢世校閱
新譯釋禪波羅蜜　蘇樹華注譯
新譯八識規矩頌　倪梁康注譯
新譯永嘉大師證道歌　蔣九愚注譯
新譯華嚴經入法界品　楊維中注譯
新譯地藏菩薩本願經　李承貴注譯

新譯悟真篇　劉國樑、連　遙注譯
新譯无能子　張松輝注譯
新譯坐忘論　張松輝注譯
新譯列仙傳　張金嶺注譯　陳滿銘校閱
新譯抱朴子　李中華注譯　黃志民校閱
新譯神仙傳　周啟成注譯
新譯性命圭旨　傅鳳英注譯
新譯老子想爾注　顧寶田、張忠利注譯　傅武光校閱
新譯周易參同契　劉國樑注譯　黃沛榮校閱
新譯道門觀心經　王　卡注譯　黃志民校閱
新譯養性延命錄　曾召南注譯　劉正浩校閱
新譯樂育堂語錄　戈國龍注譯
新譯沖虛至德真經　張松輝注譯　周鳳五校閱
新譯長春真人西遊記　顧寶田等注譯
新譯黃庭經・陰符經　劉連朋等注譯

軍事類

新譯司馬法　王雲路注譯
新譯尉繚子　張金泉注譯
新譯三略讀本　傅　傑注譯
新譯六韜讀本　鄔錫非注譯
新譯吳子讀本　王雲路注譯
新譯孫子讀本　吳仁傑注譯
新譯李衛公問對　鄔錫非注譯

教育類

新譯爾雅讀本　陳建初等注譯
新譯顏氏家訓　李振興、黃沛榮等注譯
新譯聰訓齋語　馮保善注譯
新譯曾文正公家書　湯孝純注譯　李振興校閱
新譯三字經　黃沛榮注譯
新譯百家姓　馬自毅、顧宏義注譯
新譯幼學瓊林　馬自毅注譯　陳滿銘校閱
新譯增廣賢文・千字文　馬自毅注譯　李清筠校閱
新譯格言聯璧　馬自毅注譯

政事類

新譯商君書　貝遠辰注譯　陳滿銘校閱
新譯鹽鐵論　盧烈紅注譯　黃志民校閱
新譯貞觀政要　許道勳注譯　陳滿銘校閱

地志類

新譯山海經　楊錫彭注譯
新譯水經注　陳橋驛、葉光庭注譯
新譯佛國記　楊維中注譯
新譯大唐西域記　陳　飛、凡　評注譯　黃俊郎校閱
新譯洛陽伽藍記　劉九洲注譯　侯迺慧校閱
新譯徐霞客遊記　黃　珅注譯　黃志民校閱
新譯東京夢華錄　嚴文儒注譯　侯迺慧校閱

◎新譯楞嚴經

賴永海、楊維中／注譯

「欲知佛境界，當讀華嚴；欲知佛智慧，要讀楞嚴。」《楞嚴經》是一部大乘佛教的單譯經，素有佛教全書之稱。經中說明宇宙原理、人生真相，展示世界、眾生業果相續的主要原因，以及教導眾生返妄歸真、覺悟成佛的方法；尤其有關觀世音菩薩的說法，在佛教信眾之中，影響至為深遠。本書以文學及佛學角度譯注《楞嚴經》，為坊間所少見，研讀佛教經典者切不可錯過。

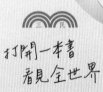